Vorwort zur dritten, erweiterten Auflage

Vor fünf Jahren, als „Baseball für Fußballfans“ zuerst veröffentlicht wurde, war mir klar, dass viele der Informationen darin eines Tages überholt sein würden. Es stellte sich nur die Frage, wie bald sich eine entsprechend aktualisierte Neuauflage erforderlich machen würde.

Wie ich mich erinnere, war damals meine größte Sorge, dass die Chicago Cubs vielleicht eines schönen Jahres die Meisterschaft gewinnen würden und damit nicht nur die Erwähnung ihrer legendären Misserfolgsserie obsolet machen, sondern uns alle um ein wahrlich liebgewonnenes Stück Baseballtradition bringen würden. Inzwischen weiß ich, dass diese Sorge fehl am Platze war. Die Cubs haben soeben eine weitere 100-Niederlagen-Saison hinter sich gebracht, und werden wohl auch auf absehbare Zeit nichts an der seit Generationen überlieferten Folklorenummer von den „liebenswerten Verlierertypen“ ändern.

Es waren andere Ereignisse, die über die letzten Jahre in die Geschichtsbücher eingingen, und die mein Büchlein in zunehmenden Maße alt aussehen ließen. Besonders erstaunlich war sicherlich die regelrechte Schwemme an „perfect games“. Diese legendären Spiele, in denen eine Mannschaft dem Gegner keine einzige erfolgreiche Offensivaktion erlaubt, sind so selten, dass vom Beginn des professionellen Baseballs 1869 bis zum Jahr 2008 gerade mal 17 davon zu verzeichnen waren. Im Mittel gab es also ungefähr alle acht Jahre eines, und ich war guter Dinge, dass mein diesbezüglicher Absatz nicht allzu bald würde umgeschrieben werden müssen. Wie falsch diese Annahme war zeigte sich, als zwischen 2009 und 2012 gleich sechs weitere „perfect games“ zu bestaunen waren. Als Baseballfan fand ich es natürlich aufregend diese historischen Spiele (im Fernsehn) zu verfolgen, war aber gleichzeitig auch betrübt darüber, dass mein Buch jedes mal gefühlte acht Jahre älter wurde.

Die nötige Aktualisierung von Statistiken war ein Grund für diese neue Auflage. Wichtiger aber war die Erweiterung des Umfangs. Was ich 2008 über Baseball wusste, passte auf 90 Seiten. Inzwischen sind mir viele Aspekte des Spiels klarer geworden, die ich damals eher vernachlässigt habe, und die – wie ich finde – durchaus interessant sind. Aus Leserreaktionen weiß ich auch, dass zwar generell Kürze und Verständlichkeit geschätzt wurden, dass aber oft Wünsche nach ein wenig Mehr an Informationen offen blieben. Um das zusätzliche Material unterzubringen, aber gleichzeitig die Einsteigerfreundlichkeit dieses Buches nicht zu gefährden, ist diese Ausgabe in zwei Teile gegliedert. Der erste Teil beschreibt, wie ein Fußballfan den Baseballsport kennen und mögen lernt. Dieser Abschnitt enthält die wesentlichen Informationen, die ich einem interessierten Neuling mit auf den Weg nach Amerika geben würde. Der zweite Teil, beginnend auf Seite 91, ist für Leser gedacht, die sich ein wenig weiter in die Materie einlesen möchten und denen Teil 1 nicht konfus genug war.

Ich bedanke mich für all die nützlichen und freundlichen Kommentare, die ich zu den ersten Ausgaben erhalten habe und hoffe, dass auch diese überarbeitete und erweiterte Auflage eine zufriedene Leserschaft findet.

Göran Fiedler

Seattle im Januar 2013

Vorwort zur ersten Auflage

Baseball ist in den USA der Traditionssport schlechthin. Für viele ausländische Beobachter ist das Spiel hingegen nur wenig faszinierend, was wohl vor allem an den verwirrenden und vielschichtigen Regeln liegt. Im Zuge meiner Übersiedelung nach Amerika habe ich nicht nur diese Regeln gelernt, sondern auch die Anziehungskraft von Baseball am eigenen Leibe erfahren. Obwohl anfänglich sehr skeptisch eingestellt, bin ich inzwischen zu einem regelrechten Fan dieses Sports geworden.

Ich finde es schade, dass Baseball in Deutschland kaum bekannt ist, trotz seiner Bedeutung in der amerikanischen Kultur, die ansonsten ja sehr präsent ist. Ob in Musik, Literatur, Film oder Fernsehen – Baseball ist fast allgegenwärtig und wer damit nichts anfangen kann, verpasst etwas. Wie kann man die Schlüsselszene in „Good Will Hunting" richtig würdigen, wenn man nie etwas vom legendären Carlton Fisk Homerun gehört hat? Was ist der Witz an der Schlagzeile „Cubs win World Series 2015" in „Zurück in die Zukunft II"? Wer war dieser Joe DiMaggio, den Santiago in „Der alte Mann und das Meer" als Helden verehrt? Worum geht es in Bruce Springsteens „Glory Days"? Und ist eine Mütze mit dem Logo der New York Yankees wirklich das passende Kleidungsstück, um als Jugendlicher seine Coolness zu unterstreichen?

Um meine neue Begeisterung auch anderen zu vermitteln, habe ich meine Erfahrungen und Eindrücke aufgeschrieben. Ich möchte ein wenig die Regeln erklären, so wie sie sich auch mir Stück für Stück erschlossen haben, werde auf die Bedeutung der Historie und der vielfältigen Statistiken eingehen, will kurz die wesentlichen Unterschiede des Profisportgeschäftes in den USA und in Deutschland erläutern und denke, dass sich sportinteressierte Nichtamerikaner durchaus für Baseball begeistern können, wenn sie sich nur ein wenig auf die Eigenheiten dieses schönen Spiels einlassen.

Es ist nicht mein Ziel, hier sämtliche Regeln vollständig zu erläutern, und auch bei der Auswahl und Gewichtung der angesprochenen Themen wäre mancher Fan wohl anders vorgegangen. Ich hoffe, dass die gelegentlich nötigen Vereinfachungen von Kennern der Materie nicht allzu übel genommen werden. Es hat sich als ziemlich schwierig heraus gestellt, einige der Regeln gleichzeitig korrekt und doch für Anfänger verständlich zu erklären. Verbesserungs- und Ergänzungsvorschläge sind mir natürlich jederzeit hochwillkommen.

Göran Fiedler

Milwaukee im Juni 2008

- 1 -

„Fever Pitch", Nick Hornbys viel gelobte Autobiographie eines unverbesserlichen Arsenalfans*, wurde zweimal verfilmt: Die britische Version von 1997 behält, wenn auch nur lose an die Vorlage angelehnt, ein wesentliches Element des Buches bei – sie handelt vom Fußball. In der Hollywood-Neuverfilmung von 2005 wird zwar weitgehend die gleiche Geschichte von den Höhen und Tiefen eines Fanlebens erzählt, allerdings nicht ohne diese für Amerikaner auch verständlich zu machen. Das heißt, Fußball wurde durch Baseball ersetzt.
Buchverfilmungen sind häufig eine ambivalente Angelegenheit. Zu oft kommt es vor, dass man als Leser begeistert, als Zuschauer jedoch enttäuscht ist. Der erste Film gefiel mir schon nicht sonderlich gut, aber als ich über den zweiten las, hatte ich nur ein missbilligendes Stirnrunzeln dafür übrig, womit ich wahrscheinlich nicht alleine bin. Kopfschütteln über die USA und ihre Kultur ist im Ausland ja recht populär und sicherlich auch gelegentlich berechtigt. Oft erscheinen die Amerikaner als ein eigenartiges Volk, dessen Sitten und Gebräuche vielen Ästheten, Gourmets und Moralisten im Ausland gern befremdlich erscheinen. Persönlich zähle ich zwar leider nicht zu den genannten Gruppen, hatte aber trotzdem meine gut gepflegten Vorurteile. Ich bin Fußballfan.

* Fever Pitch - A Fan's Life (Buch) Original 1992 Golancz Verlag, verfilmt als Fever Pitch 1997, Regie David Evans und 2005, Regie Gebrüder Farrelly.

- 2 -

Im Sommer 2006 brach ich zu meinem ersten USA-Aufenthalt auf. Mein Studium sollte mich nach Boston und Milwaukee führen. Passenderweise lag mein Abreisetermin auf dem fünften Juli – dem Morgen nach dem tragischen Scheitern der deutschen Mannschaft im Halbfinale der Weltmeisterschaft. Italien hatte in den letzten Minuten der Verlängerung getroffen und damit kurz und brutal den Titelhoffnungen des ganzen Gastgeberlandes ein plötzliches Ende bereitet. In der kleinen Runde, in der ein paar Freunde und ich vor dem Fernseher gesessen hatten, gab es sowohl ernüchtertes Schweigen, ungläubiges Starren, leises Fluchen, als auch einen veritablen Wutausbruch zu beobachten – alles anerkanntermaßen berechtigte Reaktionen, vor allem wenn man bedenkt, wie lange man sich auf diese WM gefreut hatte und wie nah man dem Finaleinzug gekommen war. Trotzdem war ich selbst eigenartig ungerührt. Natürlich hätte ich es besser gefunden, wäre das Spiel gewonnen worden, jedoch konnte ich den Schmerz meiner Nachbarn nicht so recht teilen.

In den Wochen zuvor hatte ganz Deutschland in einer bemerkenswerten Feierstimmung geschwelgt. In nie da gewesener Weise hatte scheinbar die ganze Nation ihre Aufgabe als Gastgeber dieses sportlichen Großereignis' angenommen und mit Enthusiasmus gefüllt. Die Atmosphäre war von einer Gastfreundlichkeit, Hilfsbereitschaft und Freundlichkeit geprägt, die wohl die wenigsten zuvor mit Deutschland assoziiert hatten. Auch ich erkannte mein eigenes Heimatland kaum wieder. Es war ein faszinierender und unvergesslicher Sommer, der für mich persönlich allerdings den unerwarteten Effekt hatte, dass mir der Spaß am Fußballschauen verleidet wurde.

Die oben beschriebene Grundstimmung, die von den Medien seit Jahren aufgebauschte Bedeutung der Veranstaltung und sicher auch die unerwartete Erfolgsserie der Nationalmannschaft hatten dazu geführt, dass sich plötzlich Jeder, aber auch wirklich Jeder, als Fußballfan aufführte. Die Nachfrage nach Eintrittskarten für die Spiele überstieg dementsprechend das Angebot um das zigfache, in gleichem Maße explodierten die Schwarzmarktpreise und der Stadionbesuch wurde zum Statussymbol wohlhabender Trophäenjäger. Normale Fans konnten dem Gemeinschaftsgefühl bestenfalls noch vor den allerorten aufgestellten

Großbildleinwänden frönen, oder sich in überfüllten Kneipen und Biergärten vor den Fernsehgeräten drängen. Natürlich war auch abseits der Spiele Jeder jederzeit darauf bedacht, seiner neu entdeckten „Fußballleidenschaft“ und dem dazu gehörigen „Fachwissen“ Ausdruck zu verleihen. Und genau dieses ging mir mehr und mehr auf den Keks. Je öfter ich mich eingekeilt in einer Menschenmasse auf einer Wiese stehend fand, um mir ein Spiel auf Großbildleinwand anzuschauen, und dabei erleben musste, wie sich der Großteil der Besucher mit dem unentwegten Herumtragen von Getränken und Snacks, dem Plaudern über themenfremde Fragestellungen, unmotiviertem Feiern und Rumhopsen, unpassenden Zwischenrufen und völlig übertriebenen Freuden- und Unmutsbekundungen beschäftigt hielt, anstatt das Geschehen auf dem Spielfeld zu verfolgen, desto mehr fühlte ich mich und meine Leidenschaft für den Sport veralbert.

In den gut 20 Jahren meiner Fußballbegeisterung hatte ich mich zu einem einigermaßen erfahrenen und sachkundigen Beobachter der Szene entwickelt. Mit einiger Regelmäßigkeit war ich im Stadion anzutreffen, schaffte es auch ohne Fernsehkommentator mir eine Meinung über die Taktik, den Spielverlauf oder die Leistung einzelner Spieler zu bilden und war mit etlichen Fakten, bezüglich etwa des Regelwerks, des Tabellenstandes oder der Karrierewege wichtiger Spieler vertraut.

Leider war es mir nie vergönnt, zum Anhänger einer bestimmten Mannschaft zu werden. Grund dafür ist vermutlich die Tatsache, dass ich durch unglückliche Fügung ebenjene Jugendphase, während der man für die Saat einer lebenslänglichen Fanbeziehung besonders empfänglich ist, weitab irgendwelcher faszinierender Kandidatenvereine im heimatlichen Bergdorf verbrachte. Natürlich ließ sich Fußball im Fernsehen verfolgen, und beim örtlichen Kreisligaverein durfte man live dabei sein – allein das überwältigende Erlebnis sich relativ unvorbereitet auf einer Stehplatztribüne zusammen mit Fünftausend lautstarken Gefolgsleuten zu finden, so wie Hornby es beschreibt, hatte ich nie. Mein erstes Erstligaspiel besuchte ich mit 15 Jahren. Da hatte ich vorher schon meine Meinung zu den beteiligten Mannschaften, die sich im Laufe der 90 Minuten auch nicht änderte, und obwohl die Stimmung auf den Rängen durchaus beeindruckend war, kann ich mich nicht erinnern, sonderlich mitgerissen gewesen zu sein. Das Spiel war in Nürnberg, wo schon der Dialekt der heimischen

Besucher dafür sorgte, dass ich als Sachse nicht direkt das Gefühl hatte, auf der Stehplatztribüne endlich meine wahre Heimat gefunden zu haben.

Der Ermangelung eines Lieblingsvereines zum Trotz wurde Fußball mein Lieblingshobby. Ich mag die Einfachheit des Spieles, welches trotzdem eine hochkomplexe Dramatik annehmen kann. Es gefällt mir, dass es möglich ist, technische Unzulänglichkeiten mit Einsatzwillen zu kompensieren (und umgekehrt), dass mit geschickter Taktik auch ein Außenseiterteam gegen den hohen Favoriten gewinnen kann, und dass bisweilen ein einzelner Spieler durch einen Geniestreich ein ganzes Spiel entscheidet. Die Architektur und eigene Atmosphäre von Fußballstadien ist immer wieder faszinierend, ebenso wie die Stimmung in den Fanblocks, auch wenn ich aus erwähnten Gründen selbst wenig dazu beitrage. Natürlich sympathisiere ich mit einigen Mannschaften mehr als mit anderen, wobei ich im Zweifelsfall den Außenseiter bevorzuge. Wenn ich ins Stadion gehe, stehe ich meistens im Gästefanblock und freue, beziehungsweise ärgere, mich mit meinen Nachbarn, wie sich das gehört. Von den üblichen Schmährufen und Schimpftiraden lasse ich mich hingegen nur selten anstecken, auch wenn ich volles Verständnis dafür habe, dass man als engagierter Fan seinem Ärger immer mal Luft machen muss und dass die Loyalität zum eigenen Team nicht hinter unangebrachter Höflichkeit oder gar Sachlichkeit zurück stehen darf. Herzhafte Unmutsbekundungen gehören zum Fußball einfach dazu, jedenfalls solange sie nicht rassistisch oder antisemitisch sind*.

Im Laufe der Jahre habe ich unzählige Spiele im Fernsehen verfolgt, viele Stadien und Sportplätze besucht und gelegentlich sogar meine Urlaubsplanung nach dem Ligaspielplan des jeweiligen Reiselandes ausgerichtet, um auch dort auf Fußball nicht verzichten zu müssen. Ich habe viele Stunden mit dem Lesen, Reden und Denken über Fußball verbracht und wahrscheinlich

---

* Allerdings ist es erstaunlich, wie schnell ein einzelner Tribünennachbar mit Nazisprüchen einem helfen kann, über eine Niederlage hinweg zu kommen. Die Genugtuung, dass dieser Schwachkopf keine vergnügliche Heimreise hat, wiegt erfahrungsgemäß den Verdruss über das Spielergebnis leicht auf.

mehr Zeit und Geld in dieses Hobby investiert, als vernünftig gewesen wäre.
Trotz alledem würde ich mir allerdings niemals anmaßen, mich mit einem echten Groundhopper oder wahren Fußballexperten zu vergleichen. Was diese Leute über die Atmosphäre im Gastgeberland der Weltmeisterschaft dachten vermag ich daher nicht zu beurteilen, aber ich könnte mir vorstellen, dass ich nicht der Einzige war, der sich nicht mit dem belanglosen Friede-Freude-Eierkuchen-Klima im WM-Sommer 2006 identifizieren konnte. Das war zwar nett, hatte aber mit Fußball nichts zu tun.

- 3 -

Mit diesem letzten Eindruck stieg ich also am fünften Juli ins Flugzeug, um nach Boston zu fliegen. Ein wenig war ich besorgt darum, wie ich ohne meine regelmäßige Dosis Fußball auskommen würde, wobei ich mir einredete, dass eine kurze Abstinenzphase vielleicht gerade recht käme. Ich hoffte nur, dass ich nicht in die Verlegenheit geraten würde, mich mit diesem sterbenslangweiligen und überdies hoch komplizierten Spiel Baseball beschäftigen zu müssen.

Boston und Charles River, gesehen von Cambridge aus

Da ich vorher noch nie in Amerika war, gab es ohnehin genügend neue Eindrücke zu verarbeiten. Während der Fahrt vom Flughafen sah ich mich mit großen Augen um und erprobte mein Schulenglisch am Taxifahrer. Ich hatte einen recht positiven Eindruck von meinem ersten Gespräch mit einem Amerikaner in seinem natürlichen Lebensraum. Wie unterhielten uns über die Schönheiten Bostons, die im Sommer besonders gut zur Geltung kommen, allerdings über weite Strecken der halbstündigen Fahrt durch das ausgedehnte Tunnelsystem „Big Dig“ nicht zu sehen waren, über die vielen Studenten und die Wahrscheinlichkeit schnell Freunde zu finden, über das verlorene WM Halbfinale, welches der Amerikaner entgegen gängiger Vorurteile durchaus interessiert verfolgt hatte, und natürlich erzählte er, in einem mir unverständlichem Stolz, etwas über die Red Sox, den heimischen Baseballclub, dessen Stadion „Fenway Park“ sich in unmittelbarer Nähe des Campus' der „Boston

University“ befindet. Der Fahrer beneidete mich offensichtlich um das Privileg in dieser Nachbarschaft zu wohnen.
Die Eingewöhnung in die neue Umgebung war dann doch unverhofft unproblematisch. Vieles am amerikanischen Alltag ist recht ähnlich zu dem was man in Deutschland gewohnt ist. Es dauerte nicht lange, bis ich mich einigermaßen auf dem Unigelände, welches praktisch einen eigenen Stadtteil bildet, zurecht fand und mich mit einigen Mitstudenten anfreundete, die in der Nachbarschaft untergebracht waren oder mit mir Kurse belegten. Der Campus war kaum bevölkert, da während der Sommerferien nur wenige Vorlesungen angeboten wurden und die meisten regulären Studenten die Stadt verlassen hatten. Gerade in den ersten Tagen herrschte über der Bay State Road, wo ich in einem der typischen alten Brownstone Häuser wohnte, eine nahezu idyllische Ruhe.
Wie sich zeigen sollte, änderte sich das, als die Red Sox in die Stadt kamen. Schon in den Tagen zuvor waren mir viele Einwohner in Fankleidung aufgefallen, wobei ich feststellte, dass Red Sox, obwohl orthographisch mangelhaft, tatsächlich die offizielle Schreibweise für den Teamnamen der „Roten Socken“ ist, während der eigentlich korrekte Ausdruck „Red Socks“ nirgends verwendet wird. Am 13. Juli waren die beschaulichen Zeiten in den Straßen rund um Fenway Park vorbei. Schon Stunden vor dem Spiel war kein regulärer Parkplatz mehr frei; geschäftstüchtige Anwohner vermieteten ihre Stellplätze für die Dauer des Spieles zum Preis von 40 Dollar und (vermutlich) mehr, die Bürgersteige waren überflutet von erwartungsfrohen Fans, die mit entsprechenden Outfits angetan dem Stadion zustrebten, und die Schwarzhändler sonnten sich im sicheren Bewusstsein, ihre Eintrittskarten in einem echten Verkäufermarkt anzubieten.
Es war nicht zu leugnen: ein Major League Baseballspiel ist ein ähnlich bedeutendes Ereignis wie anderswo ein großes Fußballspiel. Was mir erst in den folgenden Tagen klar wurde, war, dass es Fußballspiele weitaus seltener gibt als Baseballspiele. Eine reichliche Woche dauerte die Heimspielserie der Red Sox, und an jedem einzelnen Tag war das Stadion ausverkauft und auf den Straßen die Hölle los. Die Saison besteht aus sage und schreibe 162 Spieltagen von April bis September, nicht eingerechnet die eventuellen Finalspiele um die Meisterschaft, von denen es unter Umständen noch mal bis zu 20 Stück gibt. Bei über 80 Heimspielen

pro Jahr, die gerade in Boston regelmäßig ausverkauft sind, freut sich nicht nur der Club über rund 150 Millionen Dollar Umsatz, sondern beispielsweise auch der Nachbar, der mit seinem Parkplatz vor dem Haus immerhin noch gut 3000 Dollar einnimmt.
Unnötig zu erwähnen, dass die Live-Übertragungen im Fernsehen ebenfalls eine sichere Nummer sind. Da den ganzen Sommer über praktisch täglich gespielt wird, ist es lohnend für Fernsehstationen, sich weitgehend auf Baseball zu beschränken. Es gibt ja immer was zu zeigen, zumal auch abseits der Spiel-Übertragungen noch Zusammenfassungen, Vorberichte, Diskussions- und Analysesendungen und dergleichen versendet werden müssen, was nicht anders ist als beim Fußball auch. Genau genommen gibt es beim Fußball wahrscheinlich prozentual sogar bedeutend mehr Sekundärfernsehsendungen, da zwischen den wöchentlichen Spielen viel mehr Zeit zu überbrücken ist.
Wenn ich schrieb, dass es sich für Fernsehsender lohnt, Baseball zu zeigen, müsste ich richtiger schreiben, dass es sich für Baseballclubs lohnt Fernsehsender zu betreiben. Zumindest ist der Verein in vielen Fällen prozentual am örtlichen Sportkanal beteiligt und liefert die Sendungen als fertiges Produkt. Am auffälligsten ist, dass jedes Team seine eigenen Kommentatoren beschäftigt, welche natürlich höchst parteiisch eingestellt sind. Die Gastmannschaft hat ebenfalls ihre Kommentatoren dabei, die auf dem Kanal für die daheim gebliebenen Fans wiederum ihre Version der Ereignisse zum Besten geben.
In den ersten Tagen in Boston gelang es mir problemlos, jedweden Sport zu ignorieren. Ich hatte keinen Fernseher und verbrachte die Abende lieber damit, mit ein paar anderen Gaststudenten plaudernd auf den Treppenstufen vor dem Haus zu sitzen und Amerikanisches Bier zu trinken. Für Nervenkitzel war auch hier gesorgt, da das Trinken in der Öffentlichkeit leider ungesetzlich ist. Nachdem wir am ersten Abend fast verhaftet wurden, gewöhnten wir uns an, die Flaschen mittels brauner Papiertüten zu tarnen und regelmäßig nach Polizeistreifen Ausschau zu halten. Es schien, als sollte meine Mutter recht bekommen, die bei dem Gedanken an meinen Auslandsaufenthalt um meine Sicherheit besorgt war: Kaum in Amerika angekommen, stand ich schon in Gefahr, in die Kriminalität abzurutschen.

Am Abend des 9. Juli, direkt nach dem WM Finale, musste ich geraume Zeit in einem kleinen Telefonladen zubringen, wohin ich eine Bekannte begleitet hatte, die allerhand komplizierte Fragen im Zusammenhang mit ihrem neuen Mobiltelefon zu klären hatte. Auf einem der Fernseher lief das tägliche Baseballspiel, welches der Verkäufer verfolgt hatte, bevor wir ihn so unwirsch an die Arbeit zwangen. Um mir die Wartezeit zu vertreiben, stellte ich mich vor dem Bildschirm auf und betrachtete denselben mit Kennermiene.

Aus den Spielern, die zu sehen waren, wie sie sich den Ball zuwarfen, beziehungsweise versuchten, denselben mit dem Stock weg zu schlagen, wurde ich nicht schlau. Die Reporter* waren auch keine große Hilfe, vor allem weil ich sie kaum verstand und weil sie sich weniger über das Spiel selbst als über allgemeine Dinge zu unterhalten schienen, so etwa über einen wohlgenährten

* In Amerika treten die TV- oder Radio-Kommentatoren immer mindestens zu zweit auf. Einer ist für die Beschreibung des eigentlichen Spielgeschehens zuständig (play-by-play), der andere – oft ein ehemaliger Aktiver - soll die Erzählung mit hilfreichen und erquicklichen Zusatzinformationen ausschmücken (color commentator). Im Endeffekt läuft es aber darauf hinaus, dass die beiden die ganze Zeit über am Plaudern sind.

Stadionbesucher, der von der Kamera eingefangen wurde, wie er schlafend auf seinem Sitz zusammengesunken war und seine Nachbarn offensichtlich mit lautem Schnarchen davon abhielt, dasselbe zu tun. Glücklicherweise gab es am oberen Bildschirmrand eine eingeblendete Leiste mit allerhand Zahlen und Symbolen zu besichtigen, auf welche ich mich konzentrierte. BOS 5 CHW 5 stand dort, außerdem ein Dreieck, daneben „14th", weiterhin ein rätselhaftes Muster aus kleinen Rhomben und daneben verschiedene Nummern, die häufig wechselten und das Wort „out".

Nach einigen Minuten, in denen ansonsten wenig zu passieren schien, außer dass immer mal etwas Werbung eingespielt wurde, hatte ich herausgefunden, dass es unentschieden stand, und das Spiel bereits in der Verlängerung war. Wo vorher noch die „14th" gestanden hatte, war alsbald eine „15th" erschienen, später ersetzt durch „16th". Just als mich der Verkäufer, der mit seiner unzufriedenen Kundin offenbar in langwierige Verhandlungen verstrickt war, aus seiner Ecke fragte, welches Inning denn gerade gespielt würde, konnte ich ihm fachmännisch Bescheid geben: das 16te. Er erwiderte etwas Unverständliches und ich sah mich dem in Amerika häufig auftretenden Problem gegenüber, auf eine Bemerkung antworten zu müssen, die ich nicht begriffen hatte. Ich erwog kurz meine Standardantwort („Darüber habe ich noch nicht nachgedacht"), verlegte mich dann aber auf die ebenso nichts sagende und unverfängliche Aussage, dass die Mannschaften offenbar warten wollten, bis er wieder zuschauen konnte. Mit der etwas resigniert klingenden Auskunft, dass er eigentlich schon längst Feierabend habe, beendete der Verkäufer meine erste Baseballdiskussion.

Genau wusste ich zu dem Zeitpunkt übrigens nicht, auf was wir warteten und konnte nur annehmen, dass ich es schon merken würde, wenn das Spiel zu Ende war. Soweit kam es allerdings nicht mehr, weil die Telefonprobleme gelöst waren, bevor das Spiel einen Sieger hatte*.

---

* Im 19ten Inning gewannen die Chicago White Sox schließlich mit 6 zu 5 gegen Boston, wie ich allerdings erst Jahre später bei der Arbeit an diesem Buch nachgeschlagen habe.

- 5 -

Ich kaufte mir eine TV Karte für meinen Laptop und fing an, die allabendlichen Spiele etwas interessierter zu verfolgen. Im Wesentlichen war es wohl das Rätsel, was mich reizte. Es musste doch möglich sein, zumindest eine allgemeine Idee von diesem Spiel zu bekommen, um nächstens nicht ganz so ins Blaue hinein raten zu müssen, wenn man zu dem Thema gefragt wird.

Immerhin soviel hatte ich schon gelernt: es gibt kein Unentschieden beim Baseball; notfalls werden nach der regulären Spielzeit so viele Extra Innings gespielt wie nötig. Im Fall der oben besprochenen Begegnung summierte sich das zu beachtlichen sieben Stunden. Allerdings ist auch nach einem solchen Marathonspiel nicht zu befürchten, dass jemand mit Wadenkrämpfen oder anderen Erschöpfungssymptomen vom Platz getragen werden muss, denn auf dem Feld gibt es scheinbar kaum nennenswerte Bewegung und die meisten Spieler machen dem entsprechend zumindest auf den ersten Blick auch keinen wirklich durchtrainierten Eindruck. Natürlich war ebenfalls schnell zu erkennen, dass es ziemlich knifflig ist, den kleinen Baseball (der etwa so groß ist wie ein Tennisball) mit dem runden Schläger zu treffen. Außerdem interessant: die Auswärtsmannschaft wird bei der Anzeige des Spielstandes zuerst genannt, was wohl ein Zeichen für die Höflichkeit und Gastfreundschaft der Amerikaner ist. Dazu kommen allerlei Einblendungen zu den verschiedensten Statistiken, die freilich, vor allem durch die übermäßige Verwendung von kryptischen Abkürzungen, zunächst völlig verwirrend sind. Der Eifer des Regisseurs, möglichst oft die Übertragung durch die unvermittelte Einspielung vergangener Großtaten der gerade beteiligten Akteure aufzulockern, hilft anfangs auch nicht gerade dabei, den Überblick zu behalten.

Gelingt es, all dieses mal zu ignorieren, bleiben die Kameraeinstellungen relativ statisch, um nicht zu sagen eintönig. Für den überwiegenden Teil der Zeit sieht man den Werfer von schräg hinten, wie er dem Schlagmann gegenüber steht und hin und wieder einen Ball in seine Richtung abfeuert. Dabei nimmt er zwar nicht direkt Anlauf, macht aber eine ziemlich übertrieben aussehende Ausholbewegung, die wohl helfen soll, besonders kraftvoll zu werfen. Hinter dem Schlagmann kauern noch der Fänger und ein Schiedsrichter, die allerdings zur Not auch erst mal außer Acht gelassen werden können, obwohl sie natürlich, wie sich zeigen wird, jeweils wichtige Aufgaben zu erfüllen haben. Der Mann mit dem Schläger hingegen ist für das Treffen des Balles zuständig. Um einen Punkt zu erzielen, muss er einen Homerun schlagen - so jedenfalls hatte ich mir das immer vorgestellt. Das ist insofern nicht ganz falsch, als dass ein Homerun (so wird ein Schuss genannt, der den Baseball über die äußere Spielfeldbegrenzung befördert) in der Tat zu Punkten führt, jedoch ist es bei weitem nicht die einzige Strategie und oft nicht einmal die bevorzugte*.

Anders als bei vielen Ballspielen, stehen sich beim Baseball nie beide Mannschaften direkt auf dem Feld gegenüber und kämpfen um den Ball. Vielmehr ist jeweils festgelegt, welches Team gerade angreifen darf und welches verteidigen muss. Der Ball wird nur in der Defensive gebraucht, um Punkte zu verhindern. Punkte (genannt Runs) werden beim Baseball nämlich nicht mit dem Ball, sondern mit den Beinen erzielt. Ein Spieler der Mannschaft, die gerade nicht in der Defensive ist, will den Ball also gar nicht haben. Im Gegenteil: je weiter weg der ist, umso besser für ihn. Das Angriffsrecht wechselt nach jedem Halb-Inning, dass heißt, vor der ersten Pause (die dem Fernsehen als Werbeunterbrechung sehr gelegen kommt) kann nur das Gäste-Team Punkte erzielen, während das andere verteidigen muss. Später, nach dem Wechsel, muss die Auswärtsmannschaft dann unter Umständen zusehen, wie ihre etwaige Führung aufgeholt wird.

Dieser Spielablauf, bei dem es keine Möglichkeit etwa eines überraschenden Ballverlustes und Konterangriffs gibt, erschien mir erst einmal als ziemlich dröge. Das Tempo und die Dynamik eines Fußballspiels können so natürlich nicht zu Stande kommen. Trotzdem lässt sich eine Parallele finden, wenn man nämlich an ein Elfmeterschießen denkt. Auch hierbei sind die Teams ja

---

* Es ist tatsächlich so, dass man Homeruns nicht zufällig schlägt. Ähnlich wie ein Fußballspieler sich vorher überlegt, ob er einen Freistoß direkt schießen oder lieber abspielen will, tritt auch der Baseballer mit einem Plan zum Schlag an. Da die meisten Spieler ihre Fähigkeiten und damit die Erfolgsaussichten für einen gelungenen Homerun-Swing sehr realistisch einschätzen, versuchen sie es oft gar nicht erst, den Ball über den Zaun zu befördern.

abwechselnd an der Reihe und es kann dabei durchaus spannend zugehen.
Zu Beginn des Spieles hat die Gastmannschaft das Angriffsrecht, was eigenartiger Weise bedeutet, dass von ihr nicht viel zu sehen ist, denn die Spieler kommen nur einzeln der Reihe nach aus ihrem Unterstand wenn sie dran sind, wohinge-gen die neun Spieler der verteidigenden Mannschaft bereits vollzählig auf dem Feld versammelt sind.

Bis auf die Homeplate sind die Bases Kissenartig leicht erhöht

Um zu punkten muss der Angriffsspieler einmal um einen quadratischen Teil des Spielfeldes herum laufen, dessen Ecken durch Male markiert sind, die so genannten Bases. Diese sind jeweils 90 Fuß, also etwa 27 Meter, von einander entfernt, was also eine Gesamtstrecke von reichlichen 100 Metern ergibt. Das bloße Zurücklegen dieser Distanz wäre demnach an sich keine echte sportliche Herausforderung, gäbe es da nicht diesen Ball. Der Läufer scheidet nämlich aus, sobald sich ihm ein Abwehrspieler mit dem Ball in den Weg stellt. Dabei hat der Läufer denkbar schlechte Karten - Die Verteidiger sind ja nicht nur in der Überzahl, sondern sie wissen auch schon, wo der Gegner lang laufen muss.
Damit der Offensivspieler überhaupt eine Chance hat, darf er am Anfang seiner Runde doch einmal den Ball spielen, allerdings nur mit seinem Schläger. Schlägt er den Ball dabei so weit weg, dass der aus dem Stadion fliegt, hat die verteidigende Mannschaft keinen Ball mehr und demnach auch keine Chance den Run zu verhindern, der Angreifer trabt der Reihe nach um die vier Markierungen herum bis er wieder an der Ausgangsbasis, die als Homeplate bezeichnet wird, angekommen ist – er hat einen Homerun erzielt.
In den meisten Fällen gelingt ein solcher Sonntagsschuss aber nicht; der Ball bleibt im Spiel und damit eine Gefahr für den Angreifer. Der bringt sich nun am besten auf einem der Male in Sicherheit,

denn nur dort kann ihm die Verteidigung nichts anhaben. Dort hofft er darauf, dass ein Mitspieler, der nach ihm an den Schlag kommt, den Ball wieder zumindest soweit weg hauen kann, dass er selbst Zeit genug hat, es bis zur nächsten Base zu schaffen. Auf diese Art und Weise arbeitet er sich eventuell Stück für Stück vor, bis er – wenn alles gut geht - schließlich doch noch die Runde auf der Homeplate abschließt und damit einen Punkt für seine Mannschaft erreicht.

Im Fall, dass im gleichen Inning einem seiner Mannschaftskollegen sogar ein Homerun gelingt, gilt das gleiche wie bei einem eigenen Homerun: Der Ball ist weg, und alle Angreifer, die gerade auf den Bases stehen, können gefahrlos ihre Runde beenden. Der Homerun bringt in diesem Fall gleich mehrere Punkte ein. Im Idealfall, wenn alle drei Bases „geladen" sind, wirft ein Homerun vier Punkte gleichzeitig ab, was im Jargon als „Grand Slam" gefeiert wird.

Die Kombination aus Geschicklichkeit (Treffen des Balles mit einem eigentlich ungeeigneten Stück Holz), Ball werfen und auffangen und Wettlauf, erinnert ein wenig an Kinderspiele. Ich kann es mir gut vorstellen, wie vor einigen hundert Jahren sich ein paar spielende Kinder das wesentliche Spielprinzip von Baseball ausgedacht haben. Vielleicht gab es nicht von Anfang an vier Bases, vielleicht war auch das Spielfeld nicht von vornherein irgendwie begrenzt, vermutlich sahen Ball und Schläger anders aus und so weiter. Wie bei Kinderspielen üblich, wurden die Spielregeln sicherlich kontinuierlich verändert, um Schwachstellen in Punkto Fairness und Langzeitmotivation auszumerzen. Man kennt das: plötzlich kräht ein Kind „Im Sandkasten kann man nicht abgeschlagen werden!“ (meistens das Kind, das gerade im Sandkasten abgeschlagen wurde) und damit ist die neue Regel aufgestellt. Auf diese Art wird das Paragraphenwerk mit der Zeit immer komplizierter, bis es eines Tages selbst den beteiligten Kindern zu undurchschaubar und das Spiel zu Gunsten eines einfacheren Zeitvertreibs aufgegeben wird. In vielen Ländern der Welt spielen die Kinder dann Fußball.

In den USA dagegen ist Baseball vor vielen Jahren vom Kinderspiel zu einem in professionellem Maßstab ausgeübten Zuschauersport geworden. Im Zuge dessen werden die Regeln zwar nicht mehr so ohne weiteres verändert. Trotzdem erforderte natürlich die Ernsthaftigkeit, mit der das Spiel jetzt betrieben wird, eine genaue Berücksichtigung aller möglichen Situationen, was aus dem offiziellen Regelwerk ein dickes Buch und aus so manchem interessierten Zuschauer einen belesenen Baseball-Theoretiker werden ließ. Für Neueinsteiger hingegen scheint der Wust an Regelungen schier unüberschaubar. Das Gute ist aber, dass Baseball auf mehreren Ebenen funktioniert:

- Man kann sich ins Stadion setzen und die friedliche Stimmung und das bunte Unterhaltungsprogramm genießen, ohne viel Ahnung von Baseball zu haben.
- Man muss bei weitem kein Kenner sein, um beim abendlichen Kneipenbesuch durch einen gelegentlichen Blick auf den Bildschirm das Ergehen des lokalen Vereins

zu verfolgen, oder auch den ein oder anderen Spieler ob seiner schlechten Leistungen anzuprangern.

- Natürlich kann man auch regelmäßig geduldig die Fernsehübertragungen anschauen, wobei sich anhand von immer wiederkehrenden Situationen automatisch eine gewisse Versiertheit mit den gängigsten Spielregeln einstellt und man einen Sinn für die mögliche Dramatik des Spielverlaufes entwickelt.
- Und schließlich wird man, nachdem einem die Regeln geläufig und die Spieler praktisch zu langjährigen Vertrauten geworden sind, die psychologischen und taktischen Raffinessen der verschiedenen Konstellationen erkennen und schätzen lernen.
- Wenn man sich mit der über 140jährigen Geschichte des Sportes beschäftigt, wird man zu jeder Situation – nicht nur auf dem Spielfeld, sondern auch im normalen Leben – eine geeignete Baseball-Anekdote oder Metapher parat haben und möglicherweise sogar philosophische Erkenntnisse daraus ableiten.

In diesem Zusammenhang ist es vielleicht interessant zu erwähnen, dass sich viele amerikanische Sportinteressierte mit dem Betrachten eines Fußballspiels schwer tun. Zu ungewohnt ist die Tatsache, dass selten so richtig klar wird, welche Mannschaft gerade angreift (Klar – es ist die Mannschaft, die den Ball hat. Aber erstens wechselt das ja ständig und außerdem: oft genug greift die Mannschaft mit dem Ball dann doch nicht an, sondern schiebt sich die Kugel im Mittelfeld oder der eigenen Abwehr zu). Auch dass der Ball mit dem Fuß gespielt wird, ist bei Licht betrachtet, ein wenig seltsam. Wozu hat man Hände?* Man macht sich das Leben doch durch solche Regeln nur unnötig schwer. Im American Football, Baseball oder Basketball wird der Ball natürlich mit den Händen gefangen, getragen und geworfen, so wie das jeder normale Mensch tun würde. Gut – beim Eishockey gibt es diese Schläger, aber die sind in dem Fall ja auch praktisch, weil der Puck doch meistens auf dem Boden liegt. (Außerdem ist das Spiel von

---

* Der Fernsehkomiker David Letterman bemerkte einst einen willkommenen Nebeneffekt dieses Konzepts: „Fußball ist die einzige Sportart, bei der man die Hände für obszöne Gesten frei hat."

den Kanadiern erfunden worden. Wahrscheinlich haben einige US-Amerikaner für deren künstliche Verkomplizierung der Angelegenheit ebenfalls wenig Verständnis.)
Fußball hat ja vergleichsweise simple Regeln und erscheint wohl auch deswegen in der Wahrnehmung des Amerikaners eher als Kinderspiel. Dass sich erwachsene Männer ernsthaft einer solchen Balgerei widmen, wirkt seltsam. Die Ausgiebigkeit, in der das Spiel in den entsprechenden Medien analysiert und diskutiert wird, muss absurd erscheinen. Was kann man da schon sinnvollerweise thematisieren? Zu den Spielern gibt es kaum aussagekräftige Statistiken, das Geschehen auf dem Platz lässt sich auch nicht anständig in Sequenzen und Schemata einteilen, die man dann auswertet und vergleicht, bei alledem scheint doch überhaupt der Zufall eine sehr große Rolle zu spielen, und dass ein Trainer irgendeinen Einfluss auf den Spielverlauf nehmen kann, glaubt er doch selbst nicht!

- 7 -

In den heißen Juli und August Tagen des Jahres 2006 standen die Dinge gut für die Red Sox. Man hatte die erste Hälfte der Saison weitgehend positiv gestalten können. Von den ersten 81 Spielen hatte man 50 gewonnen, wobei die zweitplatzierten New York Yankees zu diesem Zeitpunkt mit vier Siegen Rückstand schon bedrohlich nahe gekommen waren. Da es keine Unentschieden gibt und auch die „Tordifferenz“ keine Rolle spielt, wird für den Tabellenstand schlicht die Siegquote herangezogen. 50 von 81 sind 61,7 Prozent, oder in amerikanischer Schreibweise .617 Pct*.

Natürlich ist es besonders spannend, einem konkurrenzfähigen Team zuzusehen und so begann ich mich auch für die Ergebnisse der Spiele zu interessieren. Damit fühlte ich mich schon bald eigenartig allein, denn die Spieler selbst nehmen Siege oder Niederlagen außerordentlich stoisch auf. Überhaupt scheinen sie nicht sonderlich engagiert bei der Sache. Da trabt schon mal ein Läufer nachdem er den Ball geschlagen hat ganz gemächlich zur ersten Base, als wollte er sagen „ich bin ja sowieso nicht schnell genug“ oder ein Feldspieler hebt in einer ähnlichen Situation den heranrollenden Ball betont lässig auf und macht keinerlei Anstalten ihn schnell zurück zu spielen, obwohl er doch eigentlich versuchen sollte, den Läufer „aus“ zu werfen. Auch von Seiten der Kommentatoren kann man keine allzu temperamentvollen Ausbrüche erwarten.

Diese Dinge begann ich erst nach einigen Monaten zu verstehen. In Wirklichkeit ist es den Spielern keineswegs egal, wie das Spiel ausgeht. Selbst wenn das Team in der Endphase der Saison schon aussichtslos abgeschlagen ist, stehen immer noch die persönlichen Statistiken der Spieler auf dem Spiel. Dass sie nicht verbissen genug „kämpfen“ scheint nur so. Es ist einfach so, dass die Erfahrung ihnen schon sagt, ob sie eine realistische Chance haben, einen entsprechenden Spielzug zu schaffen oder nicht. Ein Schlagmann, der den Ball direkt zu einem der Feldspieler schlägt, weiß bereits, dass der ihn ohne Probleme „aus“ werfen wird, selbst wenn er noch so schnell los läuft, um die rettende Base zu erreichen.

---

* Im Sprachgebrauch verwendet man die dreistellige Zahl in der Regel völlig ohne Hinweis auf das voranstehende Komma: „Seattle war seit Ende Mai nie über Fünfhundert“ (hatte nie eine bessere Siegquote als 50%).

Umgekehrt weiß der Feldspieler oft auch schon wenn er den Ball aufnimmt, ob ein Out überhaupt machbar ist. Da ein überhasteter Wurf zudem sehr fehlerträchtig ist, verzichtet er bei entsprechendem Spielstand womöglich lieber auf das Risiko. Davon abgesehen ist es bei vielen Aktionen sicherlich so, dass die Profis sie leichter aussehen lassen, als sie tatsächlich sind. Das Aufnehmen eines scharf geschlagenen Balls vom Boden, der zügige Transfer in die Wurfhand und die gleichzeitige Umpositionierung des Körpers für den anschließenden kraftvollen Wurf direkt in den Fanghandschuh des 40 Meter entfernt stehenden Mannschaftskollegen will gut geübt sein. Entsprechend routiniert und abgeklärt wirkt das Treiben der Feldspieler. Dabei gibt es durchaus knappe Entscheidungen in Hülle und Fülle. Bei der Frage, ob ein Angreifer „sicher" ist (also eine Base erreicht hat) oder ob der Ball schneller war, entscheiden oft genug Millimeter und Sekundenbruchteile. In fast jedem Spiel gibt es Szenen bei denen erst die Zeitlupe klar macht, ob der Schiedsrichter richtig entschieden hat (meistens hat er)*.

Für mich als Anfänger vor dem Bildschirm war das Verhalten der Spieler zunächst ziemlich undurchsichtig. Es war oft erst durch die Publikumsreaktion zu erraten, wann eine Aktion gut oder schlecht, wichtig oder unbedeutsam war. So ist beispielsweise auch nicht jeder Wurf, den ein Feldspieler ausführt, wichtig für den Spielverlauf. Sind noch gegnerische Läufer auf den Bases unterwegs, muss der Ball zügig in deren Nähe befördert werden, um sie vom Vorrücken abzuhalten. Sind die Bases aber leer, behält der Feldspieler den Ball, nachdem er ihn für ein Fly-out gefangen hat, trotzdem nicht in der Hand, sondern wirft ihn alsbald zum Pitcher zurück, weil der ihn als nächstes braucht. Beide Würfe

---

* Diese knappen Entscheidungen geben gelegentlich auch mal Anlass für Streit. Dann kann man tatsächlich beobachten, wie der wütende Cheftrainer auf den entsprechenden Schiedsrichter zustürmt und seinem Missbehagen Ausdruck verleiht. Das ist auch zumindest teilweise als kleine Showeinlage für die Zuschauer zu verstehen, die es immer gern sehen, wenn dem Schiri die Meinung gegeigt wird. Dabei gibt es einige Regeln zu beachten: Balls und Strikes stehen nicht zur Debatte, Anfassen ist auch nicht erlaubt. Aber aus 10 cm Entfernung ins Gesicht brüllen oder das berühmte Sandkicken sind schon in Ordnung. Wird es dem Schiedsrichter schließlich zu bunt, verweist er, sehr zum Hallo der Fans, den Störenfried mit großer Geste des Feldes.

sehen im Prinzip gleich aus, der Zweck und die Dringlichkeit sind aber natürlich gänzlich unterschiedlich.
Entsprechend wird ein schneller, passgenauer Wurf vom Publikum entweder mit Begeisterung als Spiel entscheidende Meisterleistung aufgenommen oder aber schlichtweg als unbedeutende Ballübergabe ignoriert. In Fenway Park mit seinen engagierten Fans treten diese Unterschiede sicherlich besonders deutlich hervor, was dem unbedarften Zuschauer hilft, die Relevanz des einen oder anderen Spielzuges einzuschätzen.
Wie ich später feststellen konnte, neigt der durchschnittliche Stadionbesucher ansonsten eher nicht dazu, besonders lautstark am Geschehen teilzuhaben. Man sitzt bequem in einem hochmodernen Stadion (traditionell unter der Bezeichnung „Ballpark" bekannt), hat unter Umständen eine ganze Sitzreihe für sich, es gibt zu essen und zu trinken, das Spiel zieht sich Stunde um Stunde hin - nicht unbedingt die Atmosphäre, die einen unentwegt aufspringen und Schlachtgesänge anstimmen lässt. Fenway Park dagegen bietet eine ganz andere Umgebung, nicht nur weil er permanent bis auf den letzten Platz gefüllt ist. Dieses älteste Stadion in den Major Leagues (eingeweiht 1912) bietet neben einer guten Zahl an Kuriositäten und Anachronismen wie kaum ein zweites die Aura von jahrhundertealter Tradition und Würde.

- 8 -

Da ich es aufgegeben hatte, eine Karte für ein Spiel zu erstehen – der geforderte Schwarzmarktpreis von mindestens 50 Dollar schien es mir damals nicht wert (inzwischen denke ich ein wenig anders darüber) – blieb noch die Möglichkeit einer geführten Stadionbesichtigung. An spielfreien Tagen, also während einer Auswärtsspielserie, werden organisierte Touren angeboten, was die Ertragsleistung des Stadions weiter optimieren hilft. Über die Universität bekam ich eine Karte zum Preis von 12 Dollar und war baff erstaunt, mich in einer Gruppe von nicht weniger als etwa 200 weiteren Interessierten zu finden, die sich von einem Fremdenführer – offensichtlich einem Studenten, der bei den Red Sox jobbt - durch die Anlage geleiten ließ.

Diese Touren scheinen ungemein gefragt zu sein und werden an schönen Tagen von 9 Uhr morgens bis spät abends durchgeführt. Das eine oder andere Spielergehalt dürfte mit diesen Einnahmen also schon mal abgedeckt sein.

Das besondere an Ballparks ist, dass keiner aussieht wie der andere. Das bezieht sich nicht nur auf die Architektur, sondern vor allem auf das Spielfeld. Von diesem ist nämlich nur ein Teil in den Regeln genau vorgeschrieben – das so genannte Infield, wo sich die Bases und der Wurfhügel (Pitcher's Mound) befinden. Die einzigen Begrenzungslinien des Spielfeldes, die left field line (links) und die right field line (rechts) beginnen beide an der Homeplate und verlaufen rechtwinklig zu einander. Der Bereich zwischen den Linien ist das „Fair territory", während der Rest als „Foul territory" bezeichnet wird und nicht zum eigentlichen Spielfeld dazu gehört.

Weitere Begrenzungen gibt es nicht, so dass im Prinzip das Feld also unendlich wäre, was aber selbst in Amerikas Weitläufigkeit nicht wirklich zu realisieren ist. Irgendwann stößt man immer auf ein Hindernis, eine Straße, eine Häuserwand oder auch nur eine Zuschauertribüne, letztere natürlich bevorzugt in Stadien. Die Tribünen begrenzen das Outfield (das äußere Feld) und das Foul territory, wobei es keine einheitliche Regelung gibt, wo und in welcher Form genau. Je nach baulichen Gegebenheiten steht also der Zaun, der das äußere Spielfeld von den Zuschauern trennt, mehr oder weniger weit von der Homeplate entfernt und darüber hinaus meist nicht einmal in einer gleichmäßigen Linie. An verschiedenen Stellen des Zaunes ist mit großen Zahlen der genaue

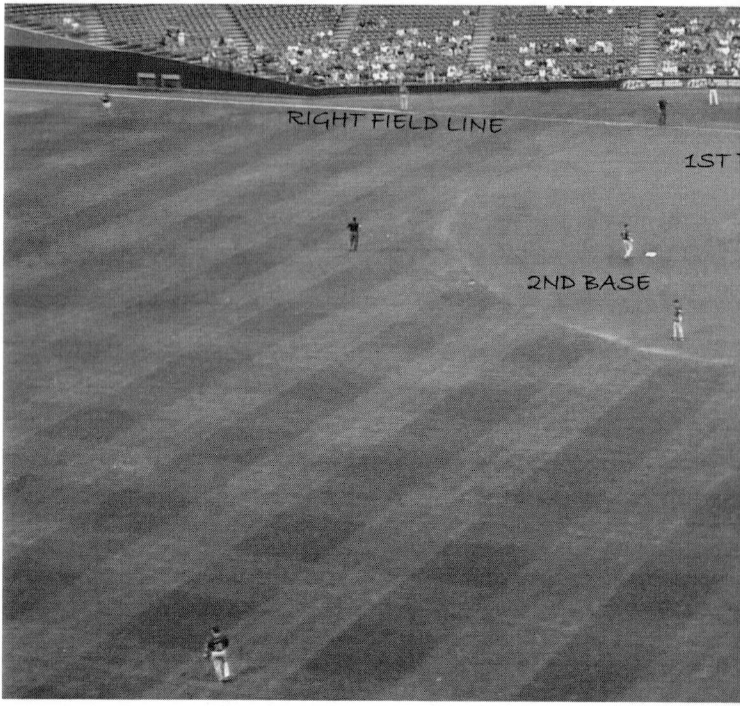

Abstand von der Homeplate ausgewiesen.
Der Zaun oder die Mauer (die „outfield wall") ist deswegen so bedeutsam, weil es einen Homerun bedeutet, wenn der Ball darüber hinweg geschlagen wird. In verschiedenen Stadien ist es also unterschiedlich schwierig, einen solchen zu erzielen. Und auch innerhalb des gleichen Stadions spielt es immer noch eine große Rolle, in welche Richtung der Ball geschlagen wird. Fenway Park kann hier mit zwei Extremen aufwarten: In der entferntesten Ecke, einer dreieckigen Aussparung zwischen zwei Tribünen, steht der Zaun 420 Fuß entfernt – fast 128 Meter weit müsste ein Homerunball hier fliegen. Die right field line trifft hingegen schon nach 302 Fuß auf die Tribüne, markiert durch einen hohen gelb gestrichenen Pfahl (Foul pole), der den Schiedsrichtern hilft zu entscheiden, wohin ein Flyball gesegelt ist. Rechts ist Foul territory, links „bleibt der Ball fair", also ein Homerun. Trifft der Ball den Pfahl, zählt das ebenfalls als fair. Die 302 Fuß (etwa 92 Meter), die der rechte Foul pole in Fenway Park von der Homeplate entfernt

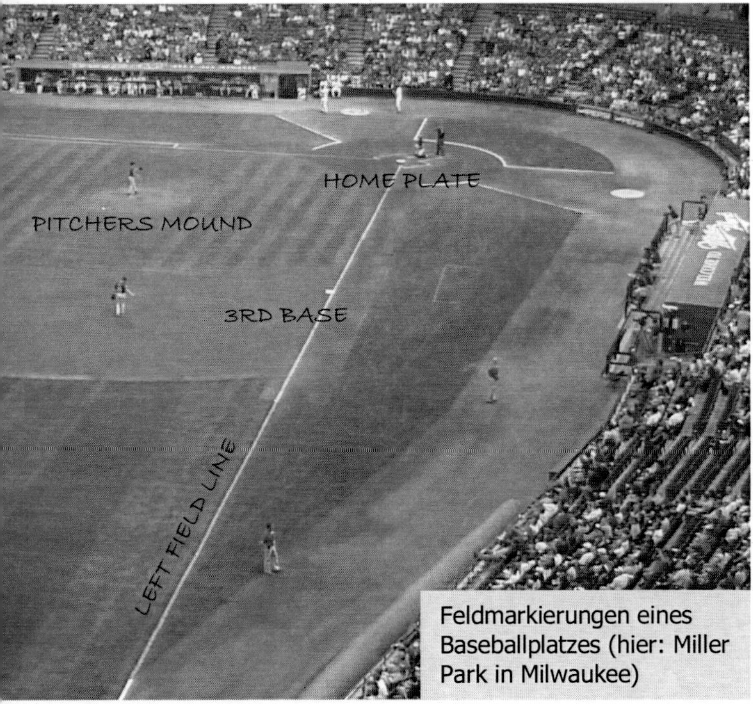

Feldmarkierungen eines Baseballplatzes (hier: Miller Park in Milwaukee)

steht, entsprechen demnach dem kürzesten möglichen Homer in der MLB.

Auch die linke Seite des Spielfeldes ist hier eher kurz geraten. Der Verlauf einer nahe gelegenen Straße begrenzt das Feld schon bei 310 Fuß. Platz für Zuschauersitze gab es da nicht; statt dessen wurde eine hohe Mauer errichtet, die es trotz der relativ geringen Entfernung schwierig machen soll, den Ball auf dieser Seite aus dem Stadion zu schlagen. Die 73 Meter lange und über 11 Meter hohe Wand ist ein ungewöhnlicher und wohl auch etwas einschüchternder Anblick in einem Baseballstadion. Ein Spieler, der die Wand zum ersten Mal sah, soll sich ungläubig erkundigt haben „Lassen sie die während des Spiels dort stehen?“* Wegen ihres grünen Farbanstriches trägt sie den Spitznamen „Green Monster“. Bälle, die über das „Monster“ hinweg fliegen, landen

* "Do they leave it there during the game?" - Bill Lee

regelmäßig auf der immer noch vorhandenen Straße oder dem angrenzenden Parkplatz, beziehungsweise auf dort geparkten Autos, deren Besitzer die entstehenden Blechschäden gern in Kauf nehmen, besonders natürlich, wenn der Schuss von einem Spieler der heimischen Red Sox stammte.

Andere Ballparks haben ihren ganz eigenen Charakter. Wrigley Field in Chicago etwa, das einzige andere noch verwendete Stadion aus der Zeit um 1900, hat etliche charmante Anachronismen zu bieten. So gibt es hier keinen Zaun um den Bullpen, also den Bereich wo die Ersatzpitcher sich warm machen. Feldspieler, die auf der Jagd nach einem Foulball mit nach oben gerichtetem Blick durch das Foul territory eilen, dürfen sich hier auf einige unverhoffte Zusammenstöße und Stolperfallen gefasst machen. Auch die Outfield wall ist nicht ganz ungefährlich. Diese ist flächendeckend mit Efeu bewachsen, was zweifellos netter aussieht, als die sonst üblichen Schaumstoffmatten, allerdings dürfte es auch deutlich unkomfortabler sein, bei einem Fangversuch in die Wand zu rennen und nur durch eine Lage Zweige vom Durchschlagen auf die Ziegelmauer gebremst zu werden.

Der Komfort und die gute Sicht der Zuschauer werden durch die unzeitgemäße Gestaltung der Tribünen beeinträchtigt, was der Popularität des Stadions aber keinen Abbruch tut. Tatsächlich reicht die Sitzplatzkapazität, die von ursprünglich 14000 im Laufe der Zeit auf über 41000 erhöht wurde, schon seit einigen Jahren kaum noch aus. Ein weiterer Ausbau ist allerdings so gut wie unmöglich, da Wrigley Field mitten in einem Wohngebiet liegt. Diesem Umstand haben es die Einwohner benachbarter Wohnhäuser auch zu verdanken, dass sie von ihren Fenstern aus über die relativ niedrigen Außenmauern auf das Spielfeld schauen können. Der Club akzeptierte das, solange bis in den 90er Jahren einige geschäftstüchtige Hausbesitzer damit begannen, ihre Balkons und Fensterplätze gegen Eintrittsgeld zu vermieten und sogar regelrechte Tribünen auf den Dächern aufzubauen. Nach einigen nachbarschaftlichen Verhandlungen einigte man sich darauf, dass der Club an den Einnahmen beteiligt wird und dass diese Sitze zur offiziellen Stadionkapazität hinzu gerechnet werden.

Auch bei neu gebauten Ballparks achtet man gern darauf, ein paar unverwechselbare Merkmale einzubauen. So hat man in Houston die Fassade des alten Bahnhofsgebäudes in die neue Konstruktion integriert. Weiterhin gibt es hier im Center field eine leichte Rampe und einen Flaggenmast, welche beide das Leben des Verteidigers auf dieser Position erheblich erschweren und mithin nicht unumstritten sind. In anderen Stadien sind die Besonderheiten vor allem außerhalb des Spielfeldes zu finden. Da gibt es Springbrunnen, Statuen, Picknickplätze, Sandstrände, Hotelzimmer mit Blick aufs Spiel, ein Becken mit lebenden Teufelsrochen, Drive-In-Parkplätze oder auch einfach nur einen prächtigen Ausblick auf die Skyline der Stadt.

Durch die unterschiedliche Weitläufigkeit gelten manche Stadien als besonders „Hitter-freundlich" oder aber „Pitcher-freundlich". Da beide Mannschaften auf dem gleichen Platz spielen müssen, ist so etwas fürs Ergebnis zwar unerheblich, es kann sich aber durchaus auf die persönlichen Statistiken der Spieler auswirken. Jemand, der den Rekord für Homeruns in einer Saison brechen möchte, sollte seine Heimspiele schon in einem Homerun-freundlichen Ballpark haben. In früheren Zeiten hat man gelegentlich sogar versucht, einzelne Spieler durch geeignete Baumaßnahmen zu bevorzugen. Als beispielsweise in den 1940er Jahren der schlagkräftige Linkshänder Ted Williams für Boston spielte, wurden in einer Ecke des Spielfeldes, in welche er häufig lange Bälle schlug, die Bullpens so vor die Tribüne platziert, dass sich das Feld entsprechend verkürzte, um ihm zukünftig mehr Homeruns an dieser Stelle zu ermöglichen.

Tribünen auf den Dächern benachbarter Häuser, gesehen vom Wrigley Field in Chicago. Der senkrechte Pfosten ist übrigens der right field foul pole.

Die Spiele sah ich mir weiterhin im Fernsehen an. Das ist nicht nur preis-günstiger, sondern man hat dort auch den besseren Überblick und erfährt vom Reporter, worauf man achten muss. Den wesentlichen Ablauf hatte ich so bald raus gefunden.

Die Übertragung beginnt mit der obligatorischen National-hymne, die in den USA vor praktisch jedem öffentlichen Ereignis gespielt wird. Das erste Inning fängt an, nachdem sich die neun Spieler der Heimmannschaft auf dem Spielfeld verteilen. Sie haben ihre Mützen auf, deren Schirm gegen Blendlicht schützen soll, um auch bei Sonnen- oder Scheinwerferbestrahlung den Ball nicht aus den Augen zu verlieren. Außerdem hat jeder von ihnen einen Fanghandschuh an, während die andere Hand zum Werfen frei bleibt. Ein Rechtshänder hat den Handschuh also links an und umgekehrt. Die Spieler der Offensive tragen dagegen keine Mützen, sondern Helme aus Kunststoff. Am auffälligsten ist, dass die Helme das dem Feld zugewandte Ohr überdecken, also bei Rechtshändern das linke.

Ein Abwehrspieler (Nr. 21) neben einem Läufer der Gegenmannschaft

Das Spiel fängt an; der erste Spieler der Offensive wird aufgerufen und muss, bevor er beginnen kann, die Bases zu umrunden, eine kleine Geschicklichkeitsübung bestehen. Er tritt mit seinem Schläger (englisch: Bat) ausgerüstet dem Werfer (Pitcher) gegenüber, der genau wie alle übrigen Spieler auf dem Platz zur gegnerischen Mannschaft gehört. Die Aufgabe des Schlagmannes (Batters) ist es, den Ball zu treffen, den der Pitcher nicht etwa ihm, sondern dem Fänger (Catcher) zuwirft. Ein regulärer Treffer (Hit) gelingt im Durchschnitt nur in etwa 30 Prozent der Fälle, was dazu führt, dass ein Großteil des Spieles

tatsächlich darin besteht, dass Spieler vergeblich versuchen, den Ball zu treffen.
Scheitert der Batter, ist er „aus“ (out), er muss sich wieder hinsetzen, und der zweite Spieler seiner Mannschaft darf sein Glück versuchen. Sobald drei Spieler out sind, ist die Halbzeit des ersten Innings zu Ende. Es gibt eine kurze Pause, während der sich die Auswärtsmannschaft auf die Verteidigerpositionen verteilt und die ersten Spieler der Heimmannschaft sich auf ihre Konfrontation mit dem gegnerischen Pitcher vorbereiten. In der zweiten Hälfte des Innings versucht nun die Auswärtsmannschaft drei Outs zu verzeichnen und damit das erste Inning zu beenden. Insgesamt gibt es neun Innings, also reichlich Gelegenheit für beide Mannschaften, zu punkten und für den Sender, in den Spielpausen Werbespots zu zeigen.
In gewisser Weise ist Baseball ein Spiel voller Standardsituationen. Anders als etwa beim Fußball wird es daher eher spektakulär, wenn es mal KEINE Standardsituation gibt und schnelle Entscheidungen, eventuell sogar so was wie Improvisation gefragt sind. Derartige Szenen sind allerdings generell ziemlich verwirrend, vor allem wenn man als Zuschauer gerade versucht, die wichtigsten Regeln zu lernen. Widmen wir uns also dem „normalen“ Ablauf eines „at-bats“. Dieser Begriff beschreibt das Duell zwischen Pitcher und Batter. Letzterer möchte im Ergebnis gern sicher auf der 1st Base, 90 Fuß zu seiner Rechten, ankommen, während Ersterer genau dieses verhindern will.
Die Situation hat Ähnlichkeiten mit einem Strafstoß beim Fußball. Der Pitcher muss den Ball zwar nicht im Tor, aber in der Strike-Zone unterbringen, während der Gegner versuchen muss, den Ball „abzuwehren“, beziehungsweise mit seinem Holzschläger zu treffen. Die Strikezone ist ein gedachtes rechtwinkliges Fenster oberhalb der Homebase, welches im Gegensatz zu einem Fußballtor leider nicht durch irgendeine bauliche Konstruktion deutlich gemacht werden kann, denn diese wäre beim Durchschwingen des Schlägers praktisch ständig im Weg. Trotzdem ist die Zone natürlich streng definiert und wird vom Schiedsrichter (Umpire), der hinter dem Catcher steht, überwacht: Sie ist so breit wie die Homeplate (43 cm) und beginnt in vertikaler Richtung in Höhe der Knie des Batters und endet in Höhe der Ellbogen.

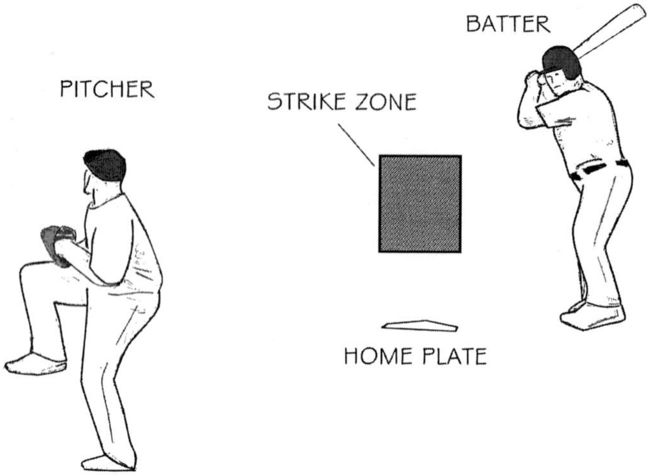

Dieses Fenster, welches der Pitcher für einen „Strike“ anvisieren muss, wurde so festgelegt, dass der Batter eine gute Chance hat, den Ball zu treffen. Wird der Ball an der Zone vorbei geworfen, darf der Batter ihn passieren lassen. Ein solcher Versuch wird zur Unterscheidung vom Strike „Ball“ genannt. Manche Fernsehsender blenden bei Zeitlupen einen Rahmen um die Strikezone ein, was bei strittigen Entscheidungen für Klarheit sorgen soll (so wie beim Fußball die virtuelle Abseitslinie, die man manchmal zu sehen bekommt). Die Tatsachenentscheidung liegt aber beim Umpire, der nach jedem Wurf durch eine deutliche Handbewegung entweder einen Strike anzeigt oder aber sich ruhig verhält, was einen „Ball“ bedeutet.

Damit das Duell nicht immer nach einem Wurf (Pitch) schon vorbei ist, haben beide Spieler mehrere Versuche, ihr jeweiliges Ziel zu erreichen. Drei Strikes bedeuten das Out für den Batter, umgekehrt darf er nach dem vierten „Ball“ unbehelligt zur ersten Base vorrücken („walk“). Ist der Pitcher nicht sehr zielsicher, muss der Batter also nur etwas Geduld haben - sind die vier „Balls“ eher erreicht als die drei „Strikes“ hat er das Duell gewonnen, unter Umständen sogar, ohne sich überhaupt bewegt zu haben. Auch ein Torwart kann ja ein Elfmeterduell gewinnen ohne etwas zu tun, solange der Schütze das Tor nicht trifft.

In den meisten Fällen gelingt es dem Picher jedoch, die Zone recht zuverlässig zu treffen. Um ein so genanntes „Strike-out" zu vermeiden, kann der Batter also nicht einfach jeden Pitch durchlassen, sondern wird versuchen, nach einem „Strike" zu schwingen. Trifft er, wird es interessant - schlägt er hingegen vorbei, zählt der Versuch als Strike, selbst wenn der Ball gar nicht durch die Strikezone ging. Auch wenn der Batter das Holz an den Baseball bekommt, denselben aber nicht ins Fair territory zurückschlägt, sondern nur leicht abfälscht, ein so genanntes „Foul", wird dem Pitcher ein Strike zugeschrieben.

Der Pitcher ist also im Vorteil: Solange der Angreifer nach dem Ball schwingt, zählt es als Strike und nur wenn er nicht schwingt UND der Wurf die Zone verfehlt, gibt es einen „Ball", von denen der Angreifer obendrein vier Stück braucht. Damit die Chancen etwas gerechter verteilt werden, gibt es einen kleinen Regelzusatz: Ein Foul zählt nicht als dritter Strike. Solange der Spieler seinen Schläger irgendwie an den Ball gebracht hat, darf er also weiter machen*. Auf diese Art ist es möglich, dass sich ein at-bat auch über zehn und mehr Pitches hinzieht.

Gelingt es dem Batter, das Strikeout abzuwenden und den Baseball etwa ins Spielfeld zurück zu schlagen, ist er aber noch lange nicht gerettet, denn dort stehen die anderen Spieler der Defensive und haben verschiedene Möglichkeiten, das Out zu erzeugen.

---

* Genau genommen gilt das nur, wenn der Spieler das Bat schwingt. Hält er den Schläger einfach nur für einen „bunt"-Versuch in die Flugbahn des Balles, ist jedes Foul ein Strike. Mit so einem „bunt" den Ball zu treffen ist relativ einfach; man muss den Schläger ja nur an die richtige Stelle halten. Der Nachteil dabei ist natürlich, dass der Ball dann auch nicht sehr weit weg rollt, oder gar fliegt. Um also anschließend nicht auf dem Weg zur 1st base ausgeworfen zu werden, muss man nicht nur sehr schnell rennen, sondern einen geplanten „bunt" auch möglichst gut verschleiern, so dass die umstehenden Verteidiger überrascht werden. Oft ist ein „bunt" aber gar nicht als „hit" gemeint; sondern als Mittel, um einen Teamkollegen, der schon „on base" ist, vorrücken zu lassen. In manchen Situationen, wenn man zum Beispiel in Extra Innings nur einen Punkt zum Sieg braucht, lässt sich der Schlagman bereitwillig auswerfen, und verschafft damit einem Baserunner die Zeit, um zum Beispiel von 1st auf 2nd base zu kommen. Ein solcher Spielzug, bei dem der Batter seine eigenen Chancen „opfert", wird „sacrifice play" oder „sacrifice bunt" genannt.

Wird der geschlagene Ball zum Beispiel aus der Luft aufgefangen, ist der Schlagmann direkt out und muss sich wieder vom Feld trollen. Das ist meistens sehr ärgerlich, vor allem, wenn der Ball ganz am äußersten Spielfeldrand kurz vor der Begrenzungsmauer gefangen wird: ein paar Zentimeter weiter wäre es ein Homerun gewesen, so hingegen ist es gar nix.

Kommt der Ball vor dem Fangen auf dem Boden auf, hat der Angreifer noch eine Chance: er muss jetzt losrennen, denn wenn ein Verteidiger ihn mit dem Ball berührt, ist er ebenfalls out. In Sicherheit ist er nur auf einem der Male. Die Reihenfolge ist vorgegeben, deswegen sprintet der Angreifer, nachdem er den Ball weg geschlagen hat, zur ersten Base rechts von ihm. Dort wartet in der Regel schon ein gegnerischer Spieler darauf, dass ihm einer seiner Mannschaftskollegen den Ball zu wirft. Ist der Ball eher da als der heranstürmende Läufer, hat letzterer Pech gehabt und ist out. Andernfalls wird er zum „Baserunner“ und darf erstmal im Spiel bleiben. Er stellt sich auf der ersten Base auf und freut sich, dass er die ersten 90 Fuß seiner Runde geschafft hat.

- 10 -

Als Jugendlicher habe ich selbst gern Fußball gespielt, vermutlich ebenso gern wie amerikanische Kinder Baseball spielen. Damals waren natürlich Tore am wichtigsten. Jeder wollte welche schießen und nach ein paar Stunden Spielzeit stand es nicht selten 35:27 oder so ähnlich. Erst mit dem Älterwerden und dem organisierten Spiel in diversen Jugendligen verringerte sich nicht nur die Anzahl der Treffer merklich, sondern in gewisser Weise auch deren Stellenwert. Die Trainer legten verstärkt Wert auf die Abwehrarbeit, was sich im Fußballsport seit vielen Jahren als Erfolgskonzept bewährt hat, sicher sehr zum Leidwesen vieler Zuschauer, die sich beim Besuch einer hochklassigen Begegnung in aller Regel auf ein sehr torarmes Spiel einrichten müssen. Wenn man es akzeptiert, dass Tore praktisch nur aus Fehlern der gegnerischen Mannschaft entstehen, kann man zwar eventuell auch zu dem Eindruck kommen, ein 0:0 wäre schön anzuschauen (weil fehlerlos). So richtig Spaß machen aber, ehrlich gesagt, eigentlich doch nur die Tore.
Auch beim Baseball ist ein Homerun natürlich ein Höhepunkt. Trotzdem ist der Schwerpunkt auf der Defensivarbeit von vornherein charakteristisch für das Spiel. Als Kind wird man praktisch nie den Ball über den Zaun schlagen – dazu reichen die Kraft und der Hebelarm einfach nicht. Stattdessen kann man sich mit Werfen, Fangen und Laufen austoben, welches zum größten Teil in der Defensive stattfindet. Natürlich machen Kinder dabei auch genügend Fehler, so dass es in den Jugendligen oft trotzdem sehr viele Runs gibt. Das Erzielen dieser ist aber eher Gemeinschaftswerk und kann nicht so gut einem einzelnen zugeschrieben werden, wie etwa ein Tor.
Aus dieser Erfahrung heraus, ist es für den Baseballfan ganz selbstverständlich, das Spiel eher aus der Sicht der Verteidigung zu betrachten. Das Wesen des Spieles lässt sich so vielleicht auch am besten verstehen. Die eigentliche Besonderheit von Baseball ist nämlich die Tatsache, dass nicht die Offensive das Spiel bestimmt. Vielmehr ist es die Mannschaft, die gerade verteidigen muss, die den Ball ins Spiel bringt, mehr Spieler auf dem Feld hat und für das Hauptspielziel zuständig ist: Outs zu erzeugen.
Natürlich muss man auch Runs erzielen, um ein Spiel zu gewinnen, man wird es aber garantiert verlieren, wenn man keine Outs erreicht. Bei vielen Sportarten gibt es eine Ziellinie oder eine

gewisse Punktzahl, die erreicht werden muss, bei etlichen ist auch die Spieldauer festgelegt; ein Baseballspiel hingegen endet mit dem 27sten Out (Neun Innings a drei Outs)*. Theoretisch könnte man also bis in alle Ewigkeit weiterspielen, was zwar im Profibereich nicht realistisch ist – dafür sind die Defensivfähigkeiten der beteiligten Spieler zu gut -, in unteren Ligen jedoch eigene Regeln erforderlich macht, welche bei einem bestimmten Vorsprung die führende Mannschaft gewissermaßen zum KO Sieger erklären.
Die ersten Gelegenheiten für ein Out sind oben schon erwähnt worden:

- Der Pitcher kann versuchen, den Batter mit drei Strikes zu überlisten (Strikeout).
- Der geschlagene Ball kann von einem Verteidiger aus der Luft gefangen werden (Fly-out), oder
- Der Ball kann für einen „tag“ benutzt werden, dass heißt der Läufer wird mit dem Ball (beziehungsweise mit der Hand, die den Ball hält) berührt.
- Im häufigen Fall, dass der Batter einen Ball ins Spielfeld geschlagen hat (also kein Foul sondern einen so genannten „Fair ball“) und als nächstes zur ersten Base laufen muss, reicht es auch, wenn ein Verteidiger mit dem Ball vor ihm dort ist (Ground-out). Eine Alternative hat der Läufer nicht, denn mit dem at-bat ist er fertig und auf der Homebase kann er nicht bleiben. Damit er nicht auf dem Weg einfach stehen bleibt, gilt er auch ohne „tag“ in dem Augenblick als out, in dem der Gegenspieler mit dem Ball in der Hand die erste Base berührt.

War der Treffer mit dem Bat gut genug, um den Ball soweit ins Feld zu treiben, dass er weder aufgefangen noch rechtzeitig zum Verteidiger auf der ersten Base (dem 1st Baseman) geworfen werden konnte, wird er „Base Hit“, oder kurz schlicht „Hit“ (Treffer) genannt. Der Baserunner kann nun im Wesentlichen nur noch auf zweierlei Arten out gemacht werden: durch „taggen“ (also abschlagen) wenn er die Base verlässt, und durch ein so genanntes Force-out.

---

* Genauer gesagt muss jede der beiden Mannschaften 27 Outs erzielen. Bei Verlängerung werden es entsprechend mehr.

Ein Force-out ähnelt dem Ground-out: Wenn der nächste Batter den Ball so ins Spiel bringt, dass er zur 1st Base laufen muss, ist der erste Baserunner genötigt, zur zweiten Base vorzurücken, denn laut Regel darf auf jeder Base nur Einer stehen. Die Verteidigung kann also ganz einfach ein Out erreichen, indem jemand mit dem Baseball die 2nd Base eher berührt als der vordere Runner. Manchmal ist anschließend sogar noch Zeit, den Ball zur 1st Base zu werfen, bevor der zweite Läufer dort ankommt. Ein solcher Spielzug der Verteidigung, bei dem zwei outs verzeichnet werden, wird „double play" genannt.

Im Prinzip müsste der Baserunner übrigens nicht auf der 1st Base warten, bis es wieder einen Hit gibt, um vorzurücken. Er kann jederzeit versuchen, die nächste Base zu erreichen, solange der Ball nicht im Aus ist (Foul Territory) und keine Auszeit angezeigt ist. Es wird dann gesagt, dass der Läufer eine Base „gestohlen" hat (Base stealing)*. Allerdings wartet die Verteidigung nur darauf, dass der Läufer sich zu weit von einer Base entfernt, um einen „tag" anbringen zu können. Ein solches out ist relativ selten zu sehen, denn die Offensivspieler sind in der Regel sehr vorsichtig, was das Verlassen der sicheren Base betrifft.

In vielen Fällen wird ein Spieler, der sicher eine Base erreicht hat, gar nicht mehr out gemacht. Für die Verteidigung zählen nur drei Outs um das Inning zu überstehen, unabhängig davon, wie sie verzeichnet werden. Der Pitcher wird sich also weiter darauf konzentrieren, Strike-outs, Fly-outs und Ground-outs zu provozieren, was im Erfolgsfall den oder die Baserunner „stranden" lässt. Für die angreifende Mannschaft kann es sehr demoralisierend sein zu sehen, wie etwa ein Läufer, der sich mühselig bis auf die 3rd base vorgearbeitet hat, mit dem Ende des Innings letztlich doch unverrichteter Dinge wieder in den Unterstand („Dugout") zurück kehren muss.

---

* Auch bei einem Fly-Out eines nachfolgenden Batters darf der Runner versuchen, die nächste Base zu erreichen. Damit es nicht zu einfach wird, muss er in diesem Fall allerdings mit dem Loslaufen warten, bis der Ball gefangen wurde („tag up").

- 11 -

Merchandising ist wie zu erwarten auch im Baseball eine sprudelnde Einnahmequelle für die Clubs. Eine unüberschaubare Vielfalt an Fanartikeln wird angeboten und offenbar auch gekauft. Auffälligerweise haben Spieler-Trikots keinerlei Werbeaufdrucke. Es verbietet sich hier wohl von selbst, die klassischen Uniformen der traditionsreichen Vereine mit banalen Werbebotschaften zu verschandeln. Dem entsprechend ist also auch auf dem Fanoutfit nichts weiter zu lesen, als der Name des Teams und gegebenenfalls des Spielers - ein Brauch, den ich sehr sympathisch finde. Gibt man hingegen 100 Euro für ein Trikot seines Lieblings*fußball*spielers aus, muss man es ja hinnehmen, dass man damit wie eine wandelnde Reklametafel aussieht.

Die populärsten Namen auf den T-shirts der Fans in Boston waren im Sommer 2006 eindeutig Ortiz und Ramirez. Beide waren hoch bezahlte Superstars mit enormer Schlagkraft, deren Auftreten vor allem in der Offensive die Anhänger regelmäßig zu Jubelstürmen hinriss. Jeder der beiden schien immer für einen „langen Ball“ gut zu sein, was zweifellos hilft, die Herzen der Fans zu gewinnen. Damit verhält es sich ähnlich wie mit einem erfolgreichen Stürmer im Fußball. Er wird an seinen Toren gemessen und nichts anderem. Trifft er, hat er ein gutes Spiel gemacht. Ganz einfach.

Dabei ist der Aufwand, den etwa David Ortiz für seinen Ruhm treiben muss, relativ übersichtlich. Der hünenhafte Athlet aus der Dominikanischen Republik spielt auf der Position des „Designated Hitters“, muss deswegen in der Defensive gar nicht aufs Feld, sondern nur zu circa drei bis fünf at-bats pro Spiel in der Offensive. Dabei striked er oft einfach out, und ist wegen seiner Statur obendrein auch als Baserunner nicht sonderlich schnell. Wenn er aber nur alle paar Tage mal einen Ball über die Mauer schießt, sind die Fans trotzdem glücklich.

Spektakuläre Höhepunkte hierbei sind so genannte „Walk-off“ Siege, die ein wenig an ein „Golden Goal“ erinnern, von denen man in den späten 90ern einige sehen konnte, als diese Regel für ein paar Jahre beim Fußball eingeführt wurde. Anders als beim Golden Goal, das den Charakter eines Fußballspiels doch stark verändern konnte, ist die Möglichkeit eines walk-offs beim Baseball eine logische Folge des regulären Ablaufs. Da generell beide Mannschaften abwechselnd das Angriffsrecht haben, erst die Gast-,

dann die Heimmannschaft, hat letztere immer die Chance, die letzten Punkte zu machen und damit gegebenenfalls das Spiel zu gewinnen. Passiert das im neunten Inning, oder bei Verlängerung in Extra-Innings, wird das entsprechende Inning nicht zu Ende gespielt, denn die andere Mannschaft ist anschließend ohnehin nicht mehr dran und die Höhe des Ergebnisses ist eh unerheblich. Sieg ist Sieg. Führt die Heimmannschaft zur Mitte des neunten Innings, fällt die untere Hälfte dieses Innings gleich komplett aus.
Ortiz, von den Fans „Big Papi" genannt, hat in seiner Karriere immer wieder die besonders wichtigen Hits geliefert. Seine Nervenstärke und sein Furcht einflößender Auftritt, tragen dazu bei, dass er in Spiel entscheidenden Situationen außerordentlich erfolgreich ist. Wenn das Spiel auf der Kippe steht, sieht man niemanden lieber an der Plate als einen Spieler wie Ortiz. Die Fans im Stadion stehen von den Sitzen auf, die vor dem Fernseher rücken vor auf die Stuhlkante, die Spieler der Verteidigung versuchen durch eine taktische Positionsverschiebung ihre Chancen zu maximieren und der Pitcher konzentriert sich auf seine besten Würfe. Es ist ein wenig wie beim Fußball, wenn sich zu einem Freistoß in Strafraumnähe ein bekannt gefährlicher Schütze den Ball zurechtlegt. Während die Abwehrspieler sich zu ihrer Mauer aufstellen und der Torhüter sie aufgeregt herumdirigiert, kann man ihnen die unheilvolle Vorahnung förmlich von den Gesichtern ablesen: Der geht rein.

Als ich das erste Mal zu einem Spiel im Stadion war, ging der Sommer und damit die Baseball-Saison bereits dem Ende zu. Ich war nicht mehr in Boston, sondern wohnte inzwischen in Milwaukee im Bundesstaat Wisconsin. Das örtliche Team, die „Brewers“ sind bei weitem nicht so konkurrenzfähig wie die Red Sox, haben aber ein moderneres Stadion und vergleichsweise anspruchslose Fans. An diesem Abend im September 2006 hatte sich nur ein übersichtlicher Teil davon in den über 40000 Zuschauer fassenden „Miller Park“ verirrt, wo dann auch die in der Tabelle ohnehin schon abgeschlagenen Brewers relativ sang- und klanglos gegen St. Louis verloren. Meine Eintrittskarte hatte nur fünf Dollar gekostet und ich war – vom Spielergebnis abgesehen – durchaus zufrieden damit, was für dieses Geld alles geboten wurde. Während bei Fernsehübertragungen etwaige Leerlaufzeiten ohne weiteres mit Zeitlupen und Statistikeinblendungen überbrückt werden, ganz zu schweigen natürlich von den allgegenwärtigen Werbespots, hat man sich für die Live-Zuschauer etwas anderes einfallen lassen.

Da wäre zum Beispiel das Feuerwerk, welches immer nach einem Brewers-Homerun abgebrannt wird; wenn das bewegliche Dach geschlossen ist, notfalls auch in der Halle. Andere Sehenswürdigkeiten des Stadions sind etwa das Baumhaus samt

Miller Park in Milwaukee bei geschlossenem Dach

Rutschbahn hoch über dem Spielfeld, in welchem das Maskottchen herumhampelt. Auch gibt es eine enorm große High-Definition Anzeigentafel, auf der neben verschiedenen Daten zum Spiel naürlich ebenfalls bei jeder Gelegenheit Verbraucherinformationen eingeblendet werden. Derartiges ist man inzwischen ja auch in deutschen Fußballstadien gewohnt. Wird dort etwa die Eckenstatistik von einem stolzen Sponsor präsentiert, so sind es hier Pitcher-Auswechslungen, bei denen zu den Klängen der Fanfare auf den entsprechenden Geldgeber verwiesen wird.
Ähnlich wie beim Fußball oder Eishockey, gibt es selbstverständlich auch beim Baseball Pausenunterhaltung unter Einbeziehung des Publikums, mit dem kleinen Unterschied, dass es massenhaft Pausen gibt, was wohl dazu führt, dass die Fans jegliche Kurzweil mit offenen Armen willkommen heißen und die Club-Kreativlinge sich keinerlei Beschränkungen bei der Ersinnung von passenden Aktionen auferlegen müssen. Nach dem ersten Inning etwa durfte ein Kind mit einem Pizza-Handschuh Bälle auffangen, die ihm von Bernie Brewer - dem Maskottchen - von dessen Balkon aus zugeworfen wurden. Soweit also nichts ungewöhnliches, allerdings war ich baff erstaunt, wie begeistert das Publikum die Angelegenheit verfolgt hat: mit mehr Anfeuerung und Applaus als während des eigentlichen Spiels. Und so ging es weiter:

- da durfte ein anderes Kind die „Batting Order“ verlesen - großes Hallo im weiten Rund,
- Die Videowand zeigt Live-Bilder vom Parkplatz, wo ein Auto von einem in ekstatischen Krämpfen geschüttelten Promoteam dazu erwählt wurde, einen kostenlosen Instant-Ölwechsel zu bekommen - nicht enden wollender Beifall,
- die Kamera filmt einen Zuschauer, der gerade ein bestimmtes Mineralwasser trinkt (und sich damit für einen Preis qualifiziert) - Begeisterung im Auditorium,
- die Anzeigentafel kündigt das Spiel "schätze die Zuschauerzahl" an - mit jeder der 4 falschen Antworten, die nach und nach ausgeblendet werden, schwillt der Jubel an, bis er sich schließlich zum vielstimmigen Triumphgeheul erhebt, als das Ergebnis fest steht: 19 645

Und so weiter. Letzteres Ratespiel wäre übrigens im Fenway Park in Boston wohl nicht so spannend, da man die Antwort (38 805) schon vorher weiß, wobei ich aber nicht ausschließen möchte, dass es trotzdem sehr beliebt wäre.
Der Höhepunkt des Abends ist aber ohne Zweifel das legendäre "Sausage Race" - das Würstchenrennen, welches zwischen einer Bratwurst, einer polnischen Brühwurst, einem Hot Dog, einer Salami und einer Chorizo ausgetragen wird und das in der Vergangenheit bereits für sportlich relevante Schlagzeilen gesorgt hat, als einmal ein gelangweilter Spieler der Gastmannschaft die Salami mit seinem Schläger zu Fall gebracht, verklagt und schließlich von der Liga für drei Spiele gesperrt wurde. Ob das fragliche Rennen wiederholt wurde, ist mir nicht bekannt. Allerdings dürfte es für einige Diskussionen unter den zahlreichen Zuschauern gesorgt haben, die trotz Ermahnung Wetten auf den Ausgang des Würstchenrennens abschließen.
Doch zurück zum Spiel. Die Reihenfolge, in der die Spieler zum Schlag antreten (die „Batting Order"), hat der Manager (so wird der Cheftrainer genannt) vor dem Spiel festgelegt. Änderungen sind nur durch Auswechslungen möglich, deren Anzahl lediglich durch die Größe des Kaders von 25 Spielern und die Einschränkung, dass ein einmal ausgewechselter Spieler nicht wieder eingewechselt werden darf, begrenzt ist.
Die Designated Hitter-Regel ist eine Abweichung von diesem Prinzip. Sie erlaubt es, dass sich zwei Spieler den Startplatz teilen. Einer der Beiden spielt nur Defensive, der andere nur Offensive. Von den Defensivspielern ist in aller Regel der Pitcher der schlechteste Hitter, wird also in der Offensive vom DH vertreten*.
Die meisten anderen Spieler müssen sowohl in der Offensive als auch in der Defensive ran, das heißt in einer Hälfte des Innings stehen sie auf dem Feld und fangen und werfen Bälle, während sie in der anderen Hälfte als Batter gefragt sind. Bei insgesamt neun Spielern pro Mannschaft und drei Outs pro Inning, kommt man in der Offensive allerdings durchaus nicht in jedem Inning an die Reihe - wenn es schlecht läuft, nicht mal in jedem zweiten.

---

* Puristen lehnen die DH Regel eher ab. Sie wird nur in der American League angewendet. In der National League muss jeder Defensivspieler auch in der Offensive spielen und umgekehrt.

Wo die Spieler sich in der Abwehr aufstellen, ist nicht bis ins Detail vorgeschrieben. Trotzdem hat sich natürlich, wie im Fußball auch, ein Grundschema etabliert, von dem jedoch, anders als beim Fußball, schon lange nicht mehr abgewichen wird und bei dem auch keine substanziellen Neuerungen zu erwarten sind*. Es ist einfach zu logisch.

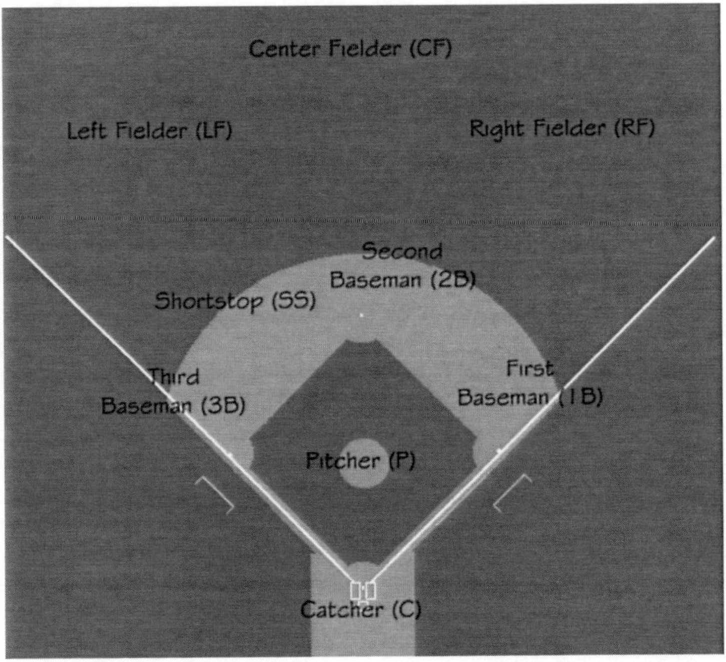

Der Pitcher und der Catcher sind beide an ihre Position gebunden, zumindest während des Pitches. Der Pitcher muss dazu mit dem Fuß eine Markierung aus Hartgummi (rubber) oben auf dem Pitchers Mound berühren, was er allerdings freiwillig gerne tut,

* Gelegentlich sieht man einigermaßen originelle Varianten in speziellen Spielsituationen, wie etwa fünf Infielder und nur zwei Outfielder. Oft ist sowas allerdings nicht Erfolg versprechend genug für gestandene Manager um mit den Konventionen zu brechen und sich damit vielleicht lächerlich zu machen.

denn er kann diesen Widerstand nutzen, um sich in der Wurfbewegung abzustoßen und so eine höhere Beschleunigung des Balles zu erreichen. Der Catcher hat eine eigene rechteckige Kreidemarkierung hinter der Homeplate, innerhalb derer er sich hinkauert. Die zwei Kästen links und rechts von der plate heißen „batter's box" und markieren den Bereich in dem sich der jeweilige gegnerische Schlagman aufstellen muss (als Linkshänder steht man in der rechten Box, also auf der 1st base Seite). Von den restlichen sieben Spielern stehen drei, die Infielder, in der Nähe jeweils einer Base und drei weit im Outfield, einer links, einer zentral und einer rechts. Der letzte Spieler, der Shortstop, ist eine Art Libero und wechselt seine Position in Abhängigkeit vom Batter. Bei einem Rechtshänder steht er meist zwischen 2nd und 3rd Base, weil die Wahrscheinlichkeit höher ist, dass der Ball dort entlang kommt. Umgekehrt übernimmt der Shortstop die 2nd base und der 2nd baseman geht auf die andere Seite des Infieldes, also zwischen 1st und 2nd Base, wenn ein Linkshänder zum Schlag kommt.

Um als Batter einen Hit zu erzielen, muss man in aller Regel den Ball aus dem Infield heraus schlagen. Denn wenn es einem der Basemen oder dem Shortstop gelingt, den Ball aufzuhalten, ist es meistens nur noch eine Formsache, diesen schnell zur 1st Base zu werfen oder zu tragen und den Batter damit out zu machen. Ein hoher Ball kommt vielleicht weiter, läuft aber auch - je nachdem *wie* hoch er letztlich ist - Gefahr von einem der Outfielder gefangen zu werden. Am besten für den Batter ist ein scharfer, relativ flacher Schuss durch eine Lücke zwischen zwei Infieldern, der erst nach dem Aufsetzen von einem Outfielder aufgenommen werden kann. In dem Augenblick, wo der sich werfende Infielder den Ball nicht erreicht, weiß eigentlich jeder im Stadion, dass der Batter problemlos die 1st Base erreichen wird, auch wenn er sich gerade erst auf den Weg dorthin macht. Dem entsprechend wirft der Outfielder, sobald er den Ball hat, auch direkt zur 2nd Base, womit auch klar ist, dass der Läufer es bis zu dieser nicht schaffen kann.

Ein solcher Hit wird konsequenterweise „Single" genannt, weil der Läufer nur eine Base weitergekommen ist. Für ein „Double", welches dem Batter erlaubt, bis zur zweiten Base zu laufen, ist schon ein erheblich weiterer Schuss nötig, ein scharfer Ball etwa, der noch über die Outfielder hinweg fliegt oder aber in einer so unzugänglichen Ecke des Spielfeldes landet, dass der Verteidiger einen langen Weg zurücklegen muss, um ihn zu erreichen. Ein

Double ist nicht ganz so eindeutig schon im Ansatz zu erkennen, wie ein Single. Wenn der Batter schnell zu Fuß und sehr optimistisch ist, wird er vielleicht versuchen, aus dem Double ein Triple zu machen, also bis zur 3rd Base zu laufen. Für die Verteidigung ist die Situation nicht einfach – hat man eine Chance, den Runner an der 2nd Base out zu machen? Oder will man gleich zur 3rd Base werfen um das Triple zu verhindern? Bei einem Ball der weit draußen im right field gelandet ist, kommt zum Wollen noch das Können: Die wenigsten Spieler schaffen es von dort einen zielgenauen Wurf über das ganze Spielfeld zu schicken. Der Ball wird also in der Regel über eine Zwischenstation weitergeleitet und der Läufer kann unter Umständen von der Verzögerung profitieren. Da der Runner beim Umrunden der Bases den Ball nicht ständig im Blick behalten kann, bekommt er von außerhalb des Spielfeldes akustische und optische Zeichen gegeben. Sowohl an der 1st als auch an der 3rd Base stehen Assistenztrainer (im Gegensatz zum Manager werden diese als Coaches bezeichnet) und geben dem Spieler das Signal zum Stehenbleiben oder Weiterlaufen in Abhängigkeit von der Situation.
Für die Verteidigung wird es noch schwieriger, wenn mehrere Baserunner auf dem Platz sind. Jetzt muss man nicht nur schnell entscheiden, auf welcher Base man den Batter hält, sondern auch, ob man eventuell eine Chance hat, den oder die anderen Läufer zu stoppen, und wenn ja, wo*. So mancher scheinbar sichere Spielzug hat sich durch eine falsche Entscheidung schon zum Debakel ausgewachsen.
Triples sind sehr selten, seltener noch als Homeruns. Die Wahrscheinlichkeit, dass ein Ball über den Zaun fliegt ist letztlich deutlich höher, als die dass er innerhalb des Spielfeldes bleibt und trotzdem nicht schnell genug zurück gespielt werden kann, um den Batter zumindest auf der 2nd Base zu halten. Allerdings gibt es

---

* Eine relativ häufige Konstellation ist die, dass ein Läufer auf der 2nd Base steht und der Schlagmann ein Single ins Outfield schlägt. In vielen Fällen reicht das für den ersten Läufer um bis zur home plate zu rennen. Man könnte zwar versuchen, ihn dort auszuwerfen, riskiert dabei aber dass der Batter unterdessen bis zur 2nd Base vorrückt. Wenn man das Out an der plate dann nicht schafft, hat man nicht nur einen Run erlaubt, sondern steht beim nächsten Schlagman wieder vor der gleichen Problematik wie am Anfang.

einen Hit, der noch ungewöhnlicher ist als ein Triple, nämlich einer der das Spielfeld nicht verlässt und dem Spieler dennoch erlaubt, alle vier Bases zu umrunden, also direkt zu punkten. Das ist natürlich ein Homerun, wird aber zur Unterscheidung als „Inside-the-park" Homerun bezeichnet. Von dieser Sorte gibt es pro Saison Ligaweit vielleicht eine Handvoll*.

* Es wird einem kein inside-the-park-homerun gutgeschrieben, wenn man dabei von vermeidbaren Fehlern der Verteidigung profitiert hat, zum Beispiel, wenn einem Feldspieler der Ball beim Fangen oder Werfen aus der Hand rutscht. Trotzdem geht einem inside-the-parker in der Regel irgendein Missgeschick voraus, selbst wenn es offiziell nicht als Fehler gewertet wird. Manchmal verliert der Verteidiger, von der Sonne geblendet, den fliegenden Ball aus den Augen, manchmal rutscht er unglücklich aus, oder – immer wieder erstaunlich – mehrere Spieler laufen in Position um einen hohen Flugball zu fangen, werden sich nicht einig und lassen den Ball zwischen sich runterfallen. Obwohl letzteres natürlich ein vermeidbarer Fehler ist, lässt sich dafür nicht eindeutig ein Schuldiger ausmachen, und so gibt es keine Handhabe, diese Angelegenheit in der offiziellen Fehlerstatistik zu verzeichnen.

- 13 -

Der Beginn eines Spieles ist immer etwas Besonderes. Man hat sich irgendwie schon den ganzen Tag über darauf gefreut und schaut sich die ersten Innings besonders gründlich an. Manchmal lohnt sich das, weil die Kombination aus Abstimmungsschwierigkeiten in der Abwehr und Ausgeruhtheit in der Offensive für ein paar zeitige Punkte auf der Anzeigetafel sorgt. Die mittleren Innings sind hingegen gern ein wenig langweilig. Nach den eventuellen Schwankungen am Anfang stellt sich etwas Kontinuität ein, die Spieler sind eingespielt, aber noch nicht müde, die Wahrscheinlichkeit für Fehler ist gering und so richtig spannend wird es ja doch erst wieder am Schluss. Denn ein Baseballspiel ist erst mit dem letzten Out zu Ende.

Gerade während meiner Zeit in Boston erlebte ich so viele Begegnungen mit dramatischen Endphasen, dass es mir im Rückblick immer noch so scheint, als ob es dort generell besonders spannend zu geht. In meiner Erinnerung sieht ein typisches Red Sox Heimspiel etwa so aus:

Die Bostoner Offensive schwächelt, der Gegner hingegen punktet einigermaßen souverän. Beim Stande von 2 zu 6 nach dem achten Inning scheint das Spiel verloren. In der ersten Hälfte (Top half) des neunten Innings wirken die Spieler der führenden Mannschaft schon etwas nachlässig. Die sichere Führung im Rücken, spielen sie fast so, als wollten sie nur flugs nach Hause. Die meisten schwingen wild nach den Pitches, um vielleicht mit etwas Glück noch einen Homerun für die persönliche Erfolgsbilanz zu erreichen. Das klappt aber nicht, die drei Outs sind schnell passiert und es geht bei unverändertem Spielstand in die zweite Hälfte des neunten Innings, die letzte Gelegenheit für die Sox noch etwas zu retten. Die Gäste brauchen noch drei Outs, um das Spiel zu gewinnen und wechseln vorsichtshalber einen frischen Pitcher ein. Dieser hat nicht nur den Vorteil, dass er seine Kräfte nicht sonderlich haushälterisch einteilen muss, denn das Ziel ist ja vor Augen. Er ist zudem ein unbeschriebenes Blatt für die Batter, die ihn und die Besonderheiten seiner Wurftechnik höchstens von früheren Begegnungen kennen. Das unterscheidet ihn vom Starting Pitcher, der mit zunehmender Spieldauer müder wird und auf den sich außerdem die Opponenten immer besser eingestellt haben.

Das letzte Halbinning beginnt. Der erste Batter schwingt nach dem ersten Pitch und schlägt den Ball fast senkrecht in die Luft. Der Catcher springt aus seiner Hocke auf, reißt sich die Schutzmaske vom Gesicht um den Ball besser sehen zu können, läuft ein paar Schritte und fängt ihn auf für das erste Out. Dabei ist es übrigens egal, ob der Ball im Fair oder Foul Territory runter kommt – in letzterem Fall kann es nur etwas gefährlicher für den Verteidiger werden, wenn er etwa beim Versuch unter den Ball zu kommen, über eine Absperrung oder ein paar Zuschauer fällt. Er darf zwar versuchen, den Ball auch im Zuschauerraum zu fangen, wobei er jedoch meist wenig Glück hat, denn die Zuschauer ihrerseits fangen auch gern Foulbälle, die man als Souvenir behalten darf. Viele bringen zu diesem Zweck sogar ihren Fanghandschuh mit ins Stadion.*

Der zweite Batter ist etwas geduldiger. Er lässt den ersten Pitch passieren; der Catcher fängt ihn und der Umpire zeigt einen Strike an. Der zweite Pitch ist wieder ein Strike, der Batter schwingt den Schläger, trifft aber nicht richtig und der Ball fliegt seitlich auf die Zuschauerränge. (Ein weiterer Zuschauer freut sich über einen echten MLB-Baseball für die Vitrine.) Der nächste Pitch ist viel zu tief, er landet sogar im Dreck, zählt also als „Ball". Auch der vierte Pitch geht weit an der Strikezone vorbei – Ball 2. Der nächste Wurf ist genauer, der Batter „foult" ihn beiseite und bleibt „am Leben", es bleibt bei zwei Strikes. Der nächste Pitch verfehlt die Zone nur knapp und der Batter, der schon ausgeholt hatte, überlegt es sich im letzten Moment anders und unterbricht seinen Schwung. Pitcher und Catcher sind unzufrieden darüber, dass der Umpire keinen Strikeout anzeigt. Stattdessen steht es 3 Balls zu 2 Strikes. Noch einen „Ball" sollte der Pitcher nicht werfen. Die nächsten Pitches sind Strikes, die jedoch allesamt vom Batter irgendwie ins Foul Territorium abgewehrt werden können. Schließlich misslingt

* Mitdenkende Zuschauer erkennt man bei diesen Situationen daran, dass sie zumindest der eigenen Verteidigung nicht den Ball vor der Nase wegschnappen. Für Manche ist die Aussicht, einen Ball zu fangen aber verlockender als ein erfolgreicher Spielzug des Lieblingsteams. Die fünf Minuten Ruhm, die man sich damit einhandelt, sind eher schmählich. Man wird in der Regel zügig unter Polizeischutz aus dem Stadion geführt und darf sich einer ziemlich schlechten Presse sicher sein.

dem Pitcher doch noch ein Wurf, er wirft viel zu hoch: Ball 4 und der Batter darf zur ersten Base spazieren.
Während der nächste Batter in die vorgesehene Box tritt, sammelt der Pitcher sich noch einmal und versucht den kleinen Rückschlag wegzustecken. Er beginnt wieder mit einem Strike. Als er sich auf den zweiten Pitch konzentriert, läuft der Baserunner von der ersten zur zweiten Base.

Aktueller Spielstand

Der Pitcher ärgert sich, weil er nicht aufgepasst hat, sagt sich aber, dass es bei der deutlichen Führung eigentlich egal ist, wo der Runner steht. Er versucht lieber, den neuen Batter „aus" zu machen. Der tut ihm den Gefallen und schlägt nach einem Ball, der eigentlich viel zu niedrig für einen Strike gewesen wäre. Der Ball rollt zurück in Richtung Pitchers Mound. Der Pitcher nimmt ihn mit seinem Handschuh auf und schaut kurz zur dritten Base, sieht aber dass der Runner von der zweiten schon dort ist (der war schon während der Wurfbewegung losgelaufen) und entscheidet sich für das Out auf der ersten Base. Er wirft also zu seinem Mitspieler dort, der sich schon fangbereit aufgestellt hat. Der Wurf ist nicht besonders genau, so dass der 1st Baseman einen Ausfallschritt machen muss, um ihn zu erreichen. Das ist für ihn allerdings Routine und er schafft es, einen Fuß auf der Base zu behalten. Der Batter kommt angesprintet, erreicht die Base aber leider um den Bruchteil einer Sekunde zu spät. Der Umpire hat genau hingeschaut und zeigt ein Out an. Verzagtheit macht sich im Publikum breit.
Der nächste Batter symbolisiert die letzte Chance für die Red Sox. Er muss Base erreichen oder das Spiel ist verloren. Der Pitcher ist sich seiner Sache sicher. Die ersten beiden Pitches sind Strikes, dann allerdings rutscht ihm ein Wurf förmlich aus den Fingern – der Ball geht an Freund und Feind vorbei (ein so genannter „Wild Pitch") und hoppelt in Richtung der Wand hinter dem Catcher.

Dieser springt wieder auf und jagt dem Ball hinterher. Im gleichen Augenblick ergreift der Runner auf der dritten Base die Gelegenheit und rennt zur Homeplate. Als der Catcher den Ball zurückbringt, ist der Run schon auf der Anzeigetafel: 3 zu 6.
Der Pitcher lässt sich nichts anmerken, obwohl es ihn ein wenig wurmt, dass er einen Run verschuldet hat. Das ist schlecht für seine persönliche Statistik*. Der Spielstand hingegen sieht nach wie vor sehr günstig aus. Boston steht mit dem Rücken zur Wand - nur ein Strike fehlt noch und das Spiel wäre vorbei. Der Pitcher macht das scheinbar nahe liegende und platziert seinen nächsten Wurf mitten in der Strikezone. Darauf hat der Batter nur gewartet, er trifft den Ball hart und schlägt ihn flach übers Feld genau in den freien Raum zwischen zwei Verteidigern. Diese haben keine Chance den Ball schnell genug aufzuhalten, um das Groundout zu schaffen. Als ein dritter Verteidiger den Ball endlich aufhebt, ist der Batter schon sicher auf der ersten Base angekommen. Er macht noch ein paar Schritte zur 2nd Base, kehrt dann aber um, weil er erkennen muss, dass der Ball vermutlich eher als er dort sein wird.
Der Manager des verteidigenden Teams nimmt eine Auszeit und geht zu seinem Pitcher. Nach kurzer Diskussion werden die beiden sich offenbar darüber einig, dass der Pitcher es weiter versuchen soll. Der sieht sich dem nächsten Batter gegenüber, einem Spieler dessen persönliche Hitting Statistiken wenig gefährlich aussehen. Der Pitcher macht sich also Hoffnungen auf ein schnelles Out. Er beginnt das at-bat mit einem Strike, doch dann unterläuft ihm wieder ein Fehler: sein nächster Pitch trifft den Batter an der Schulter. Der hatte noch vergeblich versucht, auszuweichen und lässt sich nun mit schmerzverzerrtem Gesicht von einem Betreuer** untersuchen. Die Spielregeln besagen, dass der Batter, der von einem Pitch getroffen wird („Hit by Pitch"), vorrücken darf. Er geht also zur 1st Base, was seinen Vorgänger automatisch zur 2nd Base aufrücken lässt.

---

* Es kommt hierbei darauf an, wie der offizielle Scorer den Spielzug gesehen hat. Wenn dieser der Meinung ist, dass der Catcher den Ball eigentlich hätte fangen können („passed ball"), wird der Run als unearned (unverschuldet) geführt, denn ohne den Fehler wäre es nicht dazu gekommen.

** Wer über den Gebrauch von „manager" und „coach" noch nicht genug verwirrt war, wird es zu schätzen wissen, dass die Sanitäter als „trainer" bezeichnet werden.

Der Manager hat nun genug von seinem Pitcher. Er lässt einen Ersatzmann mit dem Warmmachen beginnen und gibt dem Catcher von der Bank aus ein Zeichen: der nächste Batter, ein bekannter Powerhitter, soll lieber nicht die Chance bekommen, das Spiel mit vielleicht einem einzigen Schlag auszugleichen. Um das zu verhindern, soll der Pitcher absichtlich vier „Balls" werfen (einen „intentional walk" zu erlauben). Dadurch rückt der Batter zwar auf die 1st Base vor (und die anderen Runner auf die 2nd und 3rd Base), aber wenn man bei dem nächsten Batter, der als weniger gefährlich eingestuft wird, endlich das dritte Out erzielt, spielt das keine Rolle mehr. Der Catcher gibt das Zeichen an seinen Pitcher weiter und stellt sich deutlich seitlich von der Homeplate auf, um die vier Balls aufzufangen. Das Publikum pfeift laut, weil es lieber ihren Liebling einen Homerun hätte schlagen sehen.

Nachdem dieser zur 1st Base getrottet ist, kommt der gegnerische Manager wieder aufs Feld, geht zu seinem Pitcher und nimmt ihm den Ball aus der Hand. Damit ist der Arbeitstag für den Pitcher beendet. Er schleicht zum Dugout zurück, während sein Ersatzmann vom „Bullpen", wo er in den letzten Minuten einige Aufwärmübungen gemacht hat, herangetrabt kommt. Nun darf er noch ein paar Würfe zur Probe machen, bevor das Spiel fortgesetzt wird. Das Fernsehen nutzt die kurze Unterbrechung, um Werbespots zu zeigen.

Als es weiter geht, sind die Kommentatoren ziemlich aufgeregt. Der nächste Batter repräsentiert den Run, der zum Sieg reicht. Würde er es um die Bases schaffen, hätten die Red Sox gewonnen. Die Reporter sehen Anlass zur Hoffnung in der Tatsache, dass der „Ausgleich" bereits auf der ersten Base ist, also nur 270 Fuß vom Ziel, und sogar der „Sieg" schon in Sichtweite wartet. In Anbetracht der Tatsache, dass es über acht Innings nicht gelungen ist, mehr als zwei Runs zu erzielen und dass das nächste Out das letzte wäre, ist dieser Optimismus natürlich ziemlich übertrieben. Aber was bleibt so einem Reporter schon anderes übrig.

Der nächste Batter ist der siebte der Red Sox in diesem Inning. (Zwei sind out, einer hat gepunktet und drei stehen auf den Bases.) Er ist ein erfahrener Spieler, hat aber keine überragenden Statistiken als Batter. Das Fernsehen blendet passend zur Lage seine Bilanz in Situationen wie dieser ein: Bases loaded, 2 Outs, .167 (2-12, 0 HR), was soviel heißt, dass er bei 12 Gelegenheiten nur zweimal mit einem Hit erfolgreich war, wobei keiner der Hits ein

Homerun war. Aber einen Homerun braucht es ja nicht zwingend. Alles ist recht, Hit, Walk, Hit by Pitch… Hauptsache kein Out.
Der erste Pitch kommt, der Batter nimmt einen mächtigen Schwung und haut voll am Ball vorbei. Das Publikum raunt, der Red Sox Manager runzelt die Stirn. Offenbar war es nicht abgesprochen, dass der Batter „auf die Zäune zielt". Der Pitcher macht sich Hoffnung auf ein Strikeout. Den nächsten Pitch setzt er neben die Strikezone und wieder schlägt der Batter ein Luftloch. Die Red Sox stehen mal wieder am Abgrund. Das Publikum ist aufgestanden und hält die Luft an. Mit zwei Strikes und null Balls kann der Pitcher sich leisten, den Ball außerhalb der Reichweite des Batters zu platzieren. Das denkt sich auch der Batter und er lässt den nächsten Pitch passieren. Der geht weit an der Strikezone vorbei. Ball. Wird der Pitcher auch mit dem vierten Pitch nach außerhalb zielen? Der Batter ist auf alles gefasst. Er rechnet mit einem angeschnittenen Wurf. Als tatsächlich ein solcher kommt, zieht er voll durch und trifft den Ball optimal. Das typische satte Klacken, das entsteht wenn der Korkball mit einer Kollisionsgeschwindigkeit von weit über 200 km/h auf das Holz trifft, hallt durch das Stadion. Der Ball fliegt in hohem Bogen Richtung Gegentribüne, verfolgt von 40000 Augenpaaren. Der Outfielder rennt verzweifelt zur Spielfeldbegrenzung, springt daran hoch, macht sich ganz lang, streckt den Arm aus und… kann den Ball nicht erreichen.
Walk off Grand Slam Homerun; das Publikum tobt, die Bostoner Spieler stürmen das Spielfeld, liegen sich in den Armen, die Kommentatoren sind begeistert. Unterdessen verlassen die unterlegenen Spieler mit unbewegten Mienen den Rasen. Morgen ist das nächste Spiel.

Ein derartig dramatisches Ende ist natürlich nicht die Regel. Wenn es allerdings passiert, vielleicht noch bei einem entscheidenden Spiel der K.O.-Runde, werden Legenden geboren. Die Reporter kommen gern auf diese zu sprechen, wenn auf dem Feld mal wieder nichts Aufregendes passiert, und auch ich fand mich immer häufiger in Büchern und Zeitschriften mit den alten Geschichten konfrontiert. Auch beim Surfen im Internet führt da oft eine Story zur nächsten und ich konnte doch einigermaßen erstaunt feststellen, welches ganz eigene Universum sich um den Baseballsport herum erstreckt.

Einige Anekdoten muten auf den ersten Blick eher unspektakulär an, wie etwa der, meiner Meinung nach völlig überbewertete, „Called Shot" (angekündigter Homerun) von Babe Ruth. Der hatte in einem Spiel auf verbale Provokationen der gegnerischen Spieler hin einen Homerun geschlagen, angeblich nachdem er zuvor mit der Hand in die entsprechende Richtung gewiesen hatte. Die ganze Angelegenheit ist nur mangelhaft dokumentiert und bis heute unter den Gelehrten umstritten, wobei sich mir nicht ganz erschließt, was die Aufregung überhaupt soll.

Ganz ähnlich verhält es sich mit „The Catch", einer Aktion des Centerfielders Willie Mays von den New York Giants (die 1958 zu den San Francisco Giants wurden) in Spiel 1 der World Series 1954 gegen Cleveland. Der Mann hatte einen extrem weit geschlagenen Flugball nach langem Sprint aufgefangen und zum Infield zurück geworfen. Derartige Aktionen kann man meiner Meinung nach fast täglich beobachten, aber ich gestehe gern ein, dass sie sicherlich nicht einfach sind. Man muss sich ja in vollem Sprint nach dem fliegenden Ball umsehen und wirklich exakt im richtigen Augenblick und an der richtigen Stelle zugreifen. Auch der anschliessende Wurf ist Teil der Leistung: Wenn Läufer auf den Bases sind (wie in dieser Szene der Fall), können diese, sobald der Ball gefangen ist, loslaufen um die nächste Base zu erreichen*. In

* Wenn ein Baserunner ein Fly-out eines Teamkollegen so nutzen kann, wird dem Schlagmann, der dabei out gemacht wird, ein „sacrifice fly" gutgeschrieben, da er sich praktisch „geopfert" hat, um seinen Kollegen in eine bessere Position zu bringen. Das klappt natürlich nur wenn weniger als 2 outs zu Buche stehen, denn sonst beendet das Fly-out ja das Inning.

diesem Spiel verhinderte Mays' schneller Wurf zurück dass der Baserunner, der auf 2nd base gestanden hatte weiter als bis zur 3rd base vorrückte. Hätte er die Homeplate erreicht und gepunktet, wären die Giants in Rückstand geraten und hätten das Spiel höchstwahrscheinlich verloren. Statt dessen gewannen sie schließlich in Extra Innings und legten damit den Grundstein für den Gewinn der Meisterschaft. Von Mays selbst weiß man, dass er diesen „catch" keineswegs für seine beste Aktion als Spieler hielt, und wäre da nicht die Signifikanz eines World-Series Spiels, würde wohl tatsächlich heut kaum noch jemand darüber sprechen.

Die Faszination anderer Legenden bildender Begebenheiten ist da schon eher nachvollziehbar. Einer der unbestritten größten Augenblicke in der Geschichte des Baseballsports kam 1988 im Spiel 1 der World Series, als die Oakland Athletics bei den Los Angeles Dodgers zu Gast waren. L.A. Rightfielder Kirk Gibson, der zum MVP (most valuable player - wertvollstem Spieler) der regulären Saison gewählt worden war, konnte verletzungsbedingt nicht eingesetzt werden. Beim Stande von 2-3, Runner auf der 1st Base und zwei Outs in der zweiten Hälfte des neunten Innings, entschied sich der Manager der Dodgers den schlagstarken Gibson als „Pinch Hitter" einzuwechseln. Er sollte lediglich irgendwie „Base erreichen" und gleich wieder gegen einen Runner ausgewechselt werden. Als er zu seinem at-bat aufs Feld hinkte, war klar zu sehen, dass er kaum laufen konnte. Um es so auf die 1st Base zu schaffen, wäre schon ein sehr weiter Schlag vonnöten. Ein wenig war das Kalkül wohl auch, dass er einen „walk" ziehen würde. Schon beim Schwingen des Schlägers war die Knieverletzung hinderlich. Ohne seine gewohnte Beweglichkeit lag Gibson schnell mit 0 Balls - 2 Strikes zurück. Nach drei Balls in Folge warf Oaklands Pitcher Eckersley wieder einen Strike, den Gibson jetzt allerdings perfekt traf und zum Sieg bringenden Homerun über den Zaun jagte. Das Bild des humpelnden Gibson' der sich um die Bases schleppt, die Faust zur „Säge" geballt, unterlegt mit dem O-Ton von TV Reporter Jack Buck („I DON'T BELIEVE WHAT I JUST SAW!") darf in keiner Rangliste unvergesslicher Sport Highlights fehlen.

In einer solchen findet man mit einiger Sicherheit auch den eingangs schon erwähnten Carlton Fisk, der trotz seiner langjährigen und erfolgreichen Karriere hauptsächlich wegen seines Walk-off Homeruns im Spiel 6 der World Series 1975 gegen

Cincinnati in kollektiver Erinnerung geblieben ist. Sein hoher Flugball im 12. Inning entlang der linken Begrenzungslinie sah zunächst so aus, als würde er im Foul territory landen. Fisk wedelte in einer beschwörenden Geste mit den Händen, als könnte er damit die Flugbahn des Balles beeinflussen. Als dieser tatsächlich einen kleinen Bogen nahm (was weniger durch das Winken als durch den Drall oder durch eine Windbrise erklärt werden kann) und genau den linken Foul Pole traf, brach ein ungeheurer Jubel los. Dass die Red Sox nach jahrzehntelanger Erfolglosigkeit ein so wichtiges Spiel mit einer derart mitreißenden Aktion gewannen, machte für jeden Fan diese Szene unvergesslich und Carlton Fisk unsterblich. Jahre später wurde der besagte Foul Pole im Fenway Park nach ihm benannt und ist seither eine weitere Attraktion des Stadions, die wie viele andere, an große Momente in der langen Geschichte der Red Sox erinnert.
Auf der rechten Outfield Tribüne gibt es beispielsweise einen einzelnen roten Sitz, der sich deutlich von den anderen, grün gestrichenen abhebt. Dieser wurde installiert, nachdem am 9. Juni 1946 Ted Williams den mit 502 Fuß vermutlich längsten Homerun in der Geschichte des Ballparks geschlagen hatte. Der Zuschauer, der auf diesem Sitz saß, wurde am Kopf getroffen, was in der Presse zur Vermutung führte, er habe geschlafen und den Ball deshalb nicht kommen sehen. Der Mann hingegen meinte, er sei von der Sonne geblendet gewesen und froh, dass er zumindest nicht aufgestanden war. Zu allem Überfluss war er gar kein Red Sox Fan, sondern ein Geschäftsreisender aus New York, der es eher mit den Erzrivalen Yankees hielt. Nach dem Treffer wunderte er sich in einem Zeitungsinterview darüber, ob er den Unfall vielleicht als Zeichen sehen sollte, zukünftig lieber die Red Sox zu unterstützen, was die Zeitung zu der Schlagzeile inspirierte: „Durchschlagender Erfolg: Williams bläut Yankee-Fan Vernunft ein!“*

* Original Schlagzeile im Boston Globe "Bullseye! Williams Knocks Sense Into Yankees Fan."

- 15 -

Die Rivalitäten zwischen einzelnen Clubs bilden einen wesentlichen Reiz beim Baseball. Das Fandasein dreht sich im Allgemeinen um einen bestimmten Verein, üblicherweise den ortsansässigen, mit dem man „aufgewachsen“ ist und dessen Spiele man problemlos im frei empfangbaren Fernsehen verfolgen kann. Von den übrigen Begegnungen des Spieltages bekommt man ohne größeren Aufwand nur die Ergebnisse und vielleicht die spektakulärsten Szenen in der Zusammenfassung mit, was natürlich auch damit zusammen hängt, dass schon das Verfolgen eines einzelnen Spieles recht zeitaufwändig ist und, dass obendrein viele Ergebnisse im Laufe der Saison nahezu irrelevant für die Meisterschaftsentscheidung sind.
Die Major League Baseball (MLB) ist in die beiden Staffeln National League (NL) und American League (AL) aufgeteilt, welche beide nochmals in je drei Divisionen mit jeweils fünf Mannschaften untergliedert sind*. Die Sieger der einzelnen Divisionen am Ende der regulären Saison ziehen in die K.O.-Runde ein, ebenso wie die zwei punktbesten Nächstplatzierten aus NL und AL („Wild Card“ Teams), welche in einem Entscheidungsspiel gegeneinander den jeweils letzten Viertelfinalteilnehmer ausspielen. Zehn von 30 Mannschaften spielen also im Oktober (in der „Post Season“) die Meisterschaft unter sich aus, wobei im Halbfinale (was aber nicht so genannt wird) zunächst die jeweiligen Sieger von National und American League ermittelt werden, welche zu guter Letzt in der „World Series“ genannten Finalrunde den Meister ermitteln. Der Playoff Modus kann mit dem von Fußballturnieren, wie etwa der WM oder der Champions League verglichen werden. In der Gruppenphase, die in der MLB der regulären Saison entspricht, wird ermittelt, wer in die K.O. Phase einziehen darf. Ganz so wie man bei Turnieren einer mehr oder weniger schweren Gruppe zugelost werden kann, gibt es im Baseball unterschiedlich hart umkämpfte Divisionen.

---

* Die ungerade Mitgliederzahl (15) in den einzelnen Leagues würde dazu führen, dass jeden Tag eine Mannschaft spielfrei ist. Daher werden seit der Saison 2013 an allen Spieltagen auch Begegnungen zwischen Teams unterschiedlicher Ligen angesetzt.

Meist zeichnet sich schon gegen Mitte der Saison ab, welche Teams eine Chance auf einen Playoff-Platz haben, während es für einige Mannschaften schon recht zeitig um praktisch nichts mehr geht. Manchmal auch von Anfang an. Von einem Manager, der zu einem chronisch erfolglosen Club gewechselt war, ist die Aussage überliefert „Ich wusste, dass mir ein steiniger Weg bevorstand, als wir uns am ersten Spieltag zur Nationalhymne aufstellten und einer meiner Spieler sagte ‚Immer wenn ich dieses Lied höre, habe ich anschließend ein schlechtes Spiel'"*

Eine Begegnung zweier solcher Clubs ist logischerweise, wenn überhaupt, nur noch in den jeweils beteiligten Städten von irgendwelchem Interesse. Die Fans dort wiederum haben durchaus ihren Spaß beim Stadionbesuch. Sie kennen die Spieler des Clubs und nehmen Anteil an deren persönlichen Erfolgen und Missgeschicken, sie freuen sich über kleine Errungenschaften, wie etwa ein erfolgreiches „Double Play" oder ähnliche gelungene Spielzüge, und natürlich wird besonders triumphiert, wenn es gelingt einen Lokalrivalen zu besiegen. Dazu gibt es auch bei einem schwachen Verein reichlich Gelegenheit, denn der Spielplan sieht vor, dass man im Lauf der Saison öfter gegen Mannschaften aus der eigenen Division spielt, als gegen andere. Insgesamt sind 76 Spiele gegen die vier Divisionsrivalen, also 19 gegen jedes Team, 66 Begegnungen mit den restlichen zehn Mannschaften aus der gleichen League (AL bzw. NL), das heißt entweder sechs oder sieben pro Team, und 20 Spiele gegen ausgewählte Vereine aus der entsprechend anderen League angesetzt**.

Die Red Sox – Yankees Rivalität hat besondere Brisanz, auch weil beide Mannschaften regelmäßig um die Meisterschaft mitspielen können. Beide haben eine sehr große Fanbasis, die sich nicht nur auf die jeweiligen Heimatmärkte erstreckt. Die Duelle werden deshalb auch landesweit mit gesteigertem Interesse verfolgt. In den

---

* "I knew I was in for a long year when we lined up for the national anthem on opening day and one of my players said, 'Every time I heard that song I have a bad game.'" - Jim Leyland 1986 (Pittsburgh Pirates)

** Diese Inter-League Begegnungen werden in der Regel so angesetzt, dass sie möglichst viele Zuschauer anziehen. Beispielsweise versprechen Aufeinandertreffen von Mannschaften, die in der gleichen Region, aber in unterschiedlichen Ligen spielen, oft besonders umsatzstarke Derbys. Klassisch ist etwa die „Subway-Series" zwischen den New York Mets (NL) und Yankees (AL).

weit über 100 Jahren, in denen professioneller Baseball gespielt wird, sammelten sich natürlich reichlich denkwürdige Spiele und Begebenheiten an, aus denen sich die Rivalität der beiden Clubs und ihrer Fans speist. In den 1920er Jahren gelang es den New Yorkern durch einige bis heute umstrittene Spielertransfers Boston nicht nur zu schwächen, sondern dem ehemaligen Seriensieger ernsthafte Konkurrenz zu machen, ja sogar ihn dauerhaft zu deklassieren. Bis 1918 hatten die Red Sox fünfmal die Meisterschaft gewinnen können. Dann wechselten einige Spieler, allen voran der legendäre Babe Ruth, von Boston nach New York und feierten mit den Yankees in den Folgejahren zahlreiche Erfolge.

Während es New York gelang, beständig Titel einzufahren (26 Meisterschaften zwischen 1923 und 2000*), ging Boston trotz aller Bemühungen für die nächsten 86 (!) Jahre leer aus. Unzählige Spiele endeten bitter für die leidgeprüften Fans der Sox. 39 World Series Teilnahmen der Yankees in dieser Zeitspanne standen vier der Red Sox gegenüber, von denen alle vier jeweils denkbar knapp mit 3:4 Spielen verloren gingen. In mehreren Spielzeiten büßte Boston scheinbar sicher geglaubte Tabellenführungen noch ein, und musste mit unschöner Regelmäßigkeit die unwahrscheinlichsten Niederlagen gegen die verhassten Konkurrenten aus der Bronx einstecken. Dass diese über 100 Jahre alte Rivalität eine der geschichtsträchtigsten im Sport ist, spiegelt sich auch in der „ewigen Bilanz" der Spiele gegeneinander wider. Von Anfang 1901 bis Ende 2012 hatte man sich in insgesamt 2118 Punktspielen (von denen New York 1145 gewann) gegenüber gestanden. Im Vergleich dazu müssen selbst die traditionsreichsten Derbys im Fußball verblassen. Borussia Dortmund und Schalke 04, zum Beispiel, spielen erst seit 1925 gegeinander. (Ende 2012 führte dabei Schalke mit insgesamt 56 Siegen gegen Dortmunds 48, bei 37 Unentschieden.)

Im Bewusstsein der Öffentlichkeit haben die Yankees in etwa den Status, den der FC Bayern München in Deutschland hat. Das reichste Team leistet sich den teuersten Kader und hat im entscheidenden Augenblick auch noch das nötige Glück. Die Fans sind zwar zahlreich und erfolgsverwöhnt; man hat jedoch immer den Eindruck, dass sie halt nur gerne auf der Gewinnerseite stehen. Ein User im ESPN.com Forum schrieb einmal treffend: „Die

* Ein weiterer Meisterschaftstitel kam 2009 hinzu.

Yankees anfeuern ist als würde man beim Blackjack die Bank anfeuern."* Man muss nicht viel Ahnung von Baseball haben, um Yankee-Fan zu sein. Manche Jugendliche, die in Deutschland mit einem NY-Basecap herumlaufen, kennen nicht mal die Namen der wichtigsten Spieler „ihres" Lieblingsvereins.

Die Red Sox hingegen lassen sich vielleicht mit Werder Bremen oder mit Borussia Dortmund vergleichen. Der traditionsreiche Club bietet den übermächtig scheinenden Seriensiegern aus New York, der passenderweise auch noch in der gleichen Division** spielt, tapfer die Stirn und ist in den Jahrzehnten nach dem Ruth-Transfer zum tragischen Helden der Liga geworden. Obwohl häufig mit einem durchaus konkurrenzfähigen Kader am Start, der es oft genug auch weit in die Play-offs schaffte, scheiterte man doch zuverlässig immer wieder vor dem letzten großen Ziel, der Meisterschaft. Als endlich im Jahr 2004 der erste Titel nach über 80jähriger Flaute eingefahren wurde, lag sich nicht nur ganz Boston in den Armen, sondern waren dem Team die Sympathien des ganzen Landes sicher, außer natürlich von Seiten der Yankee-Fans.

---

* Rooting for the Yankees is like rooting for the house in blackjack -- Adam Morrow (Los Angeles)

** In der AL East spielen außerdem noch Tampa Bay, Toronto und Baltimore. Im Fußball würde diese Division wohl unweigerlich als Todesgruppe bezeichnet werden, vor allem seit sich neben den ewigen Meisterschaftsfavoriten aus Boston und New York auch die Tampa Bay Rays und in jüngster Zeit sogar die Baltimore Orioles als konkurrenzfähig entpuppten.

- 16 -

Meister werden kann man nicht jedes Jahr. Und selbst wenn das so wäre, so gäbe es doch zahlreiche Spiele im Laufe der Saison, die relativ unbedeutend sind. Natürlich möchte man als Fan, dass jedes Spiel gewonnen wird, speziell wenn es gegen einen besonders ungeliebten Gegner geht; dieser Wunsch allein sorgt jedoch in der Regel nicht für die nötige Motivation, sich ein dreistündiges Spiel komplett anzuschauen. In meinem Fall lag das Interessante zunächst in den geheimnisvollen Regeln, die zu entschlüsseln ich mir vorgenommen hatte. Mit der Zeit jedoch konnte ich feststellen, dass mir das Schicksal der Red Sox immer weniger gleichgültig wurde. Mehr noch: nicht nur das Team sollte möglichst gewinnen, jeder einzelne Spieler sollte seine Erfolgserlebnisse haben. Neben dem simplen Spielergebnis gibt es im Baseball derart viele mannschaftliche und individuelle Errungenschaften, die es zu erzielen gibt, dass praktisch jeden Abend die Chance besteht, Ungewöhnliches oder sogar Einzigartiges zu beobachten.

Einige dieser spektakulären Erfolge gibt es in der Offensive zu erringen. Ein Homerun ist eigentlich immer eine beeindruckende Leistung, auch wenn er manchmal – wenn er etwa durch die Gastmannschaft erzielt wird – eher beiläufig daher kommt. Einmal sah ich ein Spiel, bei dem der erste Batter im ersten Inning den ersten Pitch überhaupt direkt über den Zaun schlug. Die Heimzuschauer straften den Mann mit Missachtung, während er einsam seine Runde drehte und auch der Reporter war ziemlich kurz angebunden. Fast hätte einem entgehen können, was soeben passiert war.

Sind die Fans etwas temperamentvoller, kann man immerhin ein mehr oder weniger lautes Pfeifkonzert hören. In einigen Stadien ist es zudem üblich, den Ball als Zeichen des Missmuts wieder von der Tribüne aufs Feld zurück zu werfen, etwas was in Anbetracht der sonstigen Beliebtheit dieser Souvenirs schon einiges an Loyalität voraussetzt. Bei Spielen der Chicago Cubs kommt es gelegentlich sogar vor, dass, wenn die Gastmannschaft einen Homerun aus dem Stadion geschlagen hat, der entsprechende Ball durch einen Passanten von der Straße zurück ins Stadion geworfen wird, begleitet von dazu passenden Verwünschungen.

Homeruns der Heimmannschaft werden hingegen gebührend gefeiert, besonders natürlich, wenn schon Bases besetzt waren,

dadurch also gleich mehrere Runs eingebracht werden und ein knappes Spiel eine positive Wendung nimmt. Baseball-Kommentatoren haben sich meistens einen eigenen Standardtext angewöhnt, mit dem lange Bälle begleitet werden. In einigen Fällen, wenn der fragliche Homerun ein irgendwie historisch bedeutsamer war, hört man die zugehörige Reportage bei den unvermeidlichen Wiederholungen immer wieder. Ganz so, wie Herbert Zimmermanns Torschrei von der WM `54 hierzulande, sind in den USA die Tondokumente einiger legendärer Homeruns Teil des Kulturerbes geworden.
In der Saison 2007 gelang den Red Sox ausgerechnet gegen die Yankees ein besonderes Kunststück. Beim Stande von 0-3 und 2 Outs mit niemandem „on Base“ im dritten Inning, brachte Ramirez sehr zum Beifall des Publikums durch einen Homerun über die „Green Monster“-Wand Boston auf 1-3 heran. Drew, der nächste Batter, folgte seinem Beispiel, schlug den Ball auf die Gegentribüne und verkürzte auf 2-3. Die Zuschauer jubelten. Die Reporter freuten sich, dass die Aufholjagd begonnen hatte, und der New Yorker Pitcher Wright schaute etwas angesäuert. Der nächste Batter, Lowell, schickte einen weiteren Ball über Green Monster. Homerun Nummer drei und Ausgleich. Das Publikum sprang von den Sitzen auf und die Reporter suchten nach Superlativen. Wright bekam Besuch von seinem Manager, durfte aber weiter machen. Als als nächstes auch noch Kapitän Varitek den Ball aus dem Stadion schoss, kannte der Jubel keine Grenzen mehr. Welch unglaubliche Demonstration, welch Demütigung für den ungeliebten Konkurrenten und welch unvergesslicher Abend in Fenway Park!
Bei derartigen Offensivrekorden spielt logischerweise der Zufall eine große Rolle. Der Schlagmann muss das Glück haben, dass der Pitcher ihm einen brauchbaren Wurf liefert und dass er diesen optimal trifft. Trotzdem ist die Zufallskomponente nicht die einzig maßgebliche, wie man daran sehen kann, dass manche Spieler auf lange Sicht regelmäßig eine deutlich bessere Trefferquote erzielen, als andere. Dabei hat ein Spieler im Laufe einer Saison mal gute und mal schlechte Phasen, ohne dass sich das genauer erklären lässt. Es wird schon als bemerkenswert empfunden, wenn ein Spieler in einer längeren Reihe von Spielen zuverlässig Hits erzielt. „The Streak“, eine Serie von 56 aufeinander folgenden Spielen mit jeweils mindestens einem Hit, aufgestellt von Joe DiMaggio im Jahr

1941 gilt vielen Fachleuten als **der** Rekord in der Welt des Sports schlechthin.

Auch wenn Homerun und Hitting Rekorde sicher immer gern genommen werden, sind für viele Spieler doch ihre Leistungen in der Defensive maßgeblich. Hier wird man nach der Fehlerquote beurteilt, muss also über lange Zeit kontinuierlich auf hohem Niveau spielen und jederzeit hoch wach sein. Ein Feldspieler etwa, der 100 aufeinander folgende Spiele ohne einen Fehler („Error") absolviert, hat Außergewöhnliches vollbracht. Errors werden offiziell registriert und bilden eine wichtige Spielstatistik. Lässt beispielsweise ein Verteidiger einen harmlosen Flyball beim Fangversuch fallen, wird ihm das als Fehler angekreidet. Außer für ihn selbst, ist dieses auch bedeutsam für den Pitcher.

Der Pitcher, als wichtigster Mann der Verteidigung, wird daran gemessen, wie viele Runs er im Durchschnitt pro Spiel erlaubt. Mit einem Blick auf diesen statistischen Wert (ERA – Earned Run Average) lässt sich schnell feststellen, wie erfolgreich der Pitcher ist, wobei natürlich auch die anderen Abwehrspieler für die erlaubten Runs der Gegenseite eine Rolle spielen. Um die Statistiken für den Pitcher nicht zu verfälschen, wird ein Run, der auf Grund eines Errors erzielt wird, als „unverdienter" Run eingestuft und nicht für die Berechnung der ERA heran gezogen.

Eine der spektakulärsten Glanzleistungen im Baseball ist ebenfalls eng mit dem Pitcher verbunden. Wenn es ihm gelingt, ein komplettes Spiel zu überstehen, ohne dass auch nur ein gegnerischer Spieler „Base erreicht" hat, so geht dieses als „Perfect Game" in die Geschichte ein. Derartiges ist so ungewöhnlich, dass es seit Beginn der Aufzeichnungen in den 1870er Jahren nur 23 Fälle überhaupt gegeben hat*. Theoretisch ist es aber jederzeit

---

* Wie streng die Kriterien sind, zeigt sich an einer Liste inoffizieller „Perfect games". In das wohl berühmteste aus dieser Kategorie war Babe Ruth involviert, der im Jahre 1917 noch als Pitcher für die Red Sox spielte. In einem Spiel gegen Washington erlaubte er dem ersten Batter einen Walk nach nur vier Pitches (also vier „Balls"), fing an, sich mit dem Umpire zu streiten und wurde des Feldes verwiesen. Sein Ersatzmann Ernie Shorewarf mit seinem ersten Wurf den Runner beim Versuch, die 2nd Base zu stehlen, aus und verhinderte im Laufe des Spieles, dass ein weiterer Batter Base erreichte. Obwohl er alle 27 Outs verzeichnet hatte, konnte er sich kein „Perfect game" anrechnen. Stattdessen wird das Spiel als „kombinierter No-Hitter" geführt.

wieder möglich. Im modernen Informationszeitalter bekommt man es oft bereits mit, wenn sich derartige Historisches auch nur anbahnt. Wenn ein Pitcher nach sechs oder sieben Innings noch „perfect" ist, verdrängt diese Nachricht schon mal das restliche Weltgeschehen auf den Nachrichtentickern von CNN und die Sportsender unterbrechen ihr jeweiliges Programm für Live-Schaltungen zu dem entsprechenden Spiel.

Wahrscheinlicher als ein Perfect Game, aber immer noch schwierig genug zu erreichen, ist ein No-Hitter, ein Spiel bei welchem der Pitcher keinen einzigen Hit erlaubt, jedoch zumindest ein gegnerischer Batter Base erreicht, beispielsweise durch einen „Walk" oder Error. Während der Pitcher einen der größten Momente seiner Karriere feiert, ist für das gegnerische Team die peinliche Tatsache, keinen einzigen Hit zustande gebracht zu haben, oft schmerzlicher als die Niederlage. (Es ist theoretisch zwar möglich, einen No-Hitter zu verlieren, wofür in der Praxis allerdings schon viel schief gehen muss*.)

Im Alltag gilt es bereits als bemerkenswert, wenn es Pitcher ein „Complete Game" absolviert, also alle 9 Innings spielt. Der Wert einer solchen Leistung liegt einerseits darin, dass die Ersatzpitcher geschont werden können. Zum Anderen heißt es auch, dass der Starter gut genug war, um nicht ausgewechselt zu werden und effektiv genug, um 27 Outs zu verzeichnen bevor ihm die Kräfte schwanden. Jemand, der zu jedem Batter 3 Balls wirft, wird wohl kaum ein komplettes Spiel pitchen, selbst wenn er sonst alles richtig macht.

Ein anderes „fast perfektes" Spiel fand am 2. Juni 2010 statt. Detroits Pitcher Armando Galarraga hatte über die ersten 8 2/3 innings gegen Cleveland keinen Baserunner zugelassen und benötigte also nur noch ein einziges Out. Clevelands nächster Batter schlug einen ground ball ins Infield und wurde promt ausgeworfen. Allein, 1st Base Umpire Jim Joyce hatte die nicht einmal sonderlich knappe Aktion anders gesehen und befand dass der Batter vor dem Ball an der 1st Base angekommen war. Obwohl die Fehlentscheidung in der Zeitlupe eindeutig zu sehen war, und der Umpire sich nach dem Spiel tränenüberströmt entschuldigte, gab es keine offizielle Korrektur der Wertung.

* Ein einziges Mal wurde ein No-Hitter tatsächlich verloren: 1964 schlug Cincinnati Houston mit 1-0, wobei der entscheidende Run erst durch zwei Errors möglich wurde.

Viele Informationen über den Spielverlauf gehen aus dem Boxscore hervor, der oft anstelle eines simplen Endergebnis' in der Zeitung abgedruckt ist.

Innings mit Nummer und Ergebnis — *Gesamtergebnis*

Runs — *Hits* — *Errors* — *Left on Base*

New York Yankees

	1	2	3	4	5	6	7	8	9	R	H	E	LOB
NYY	**0**	**0**	**0**	**0**	**0**	**0**	**0**	**0**	**0**	**0**	**0**	**2**	**1**
BOS	**0**	**0**	**0**	**1**	**1**	**0**	**0**	**5**	**X**	**7**	**13**	**1**	**8**

Boston Red Sox

Im hier abgebildeten Beispiel kann man erkennen, dass Boston gegen New York mit 7-0 gewonnen hat, dass dabei jeweils ein Punkt im vierten und fünften Inning erzielt wurde und die restlichen fünf Punkte im achten Inning, dass New York kein einziger Hit gelungen ist, das Spiel für den Bostoner Pitcher also ein No-Hitter war, jedoch kein Perfect Game, denn ein New Yorker war LOB, also auf einer Base gestrandet, was bedeutet, dass er diese vorher erreicht haben muss, vermutlich durch einen Walk oder den ebenfalls hier abzulesenden Error.

- 17 -

Spricht man mit Baseballfans über die Aussichten für das nächste Spiel, kommt die Sprache automatisch auf den beteiligten Starting Pitcher. Das ist nämlich nicht jeden Tag derselbe. Vielmehr besteht ungefähr der halbe Kader eines Teams aus Pitchern, von denen ja jeweils immer nur einer spielen kann. Von den Kandidaten sind allerlei Statistiken bekannt, wobei die ERA sicherlich am gebräuchlichsten ist. Stehen sich also zwei Pitcher mit ERAs von zum Beispiel 2.65 und 6.10 gegenüber (im eigentlichen Sinne stehen sie sich natürlich nicht gegenüber, weil sie immer abwechselnd auf dem Mound stehen), liegt die Prognose nahe, das Ersterer wohl gewinnen wird. Tatsächlich wird der Einfluss des Pitchers so hoch eingeschätzt, dass ihm auch in den offiziellen Statistiken Siege und Niederlagen seines Teams zugeschrieben werden.

Anders als die meisten anderen Spieler, sind Pitcher so hoch spezialisiert, dass sie kaum sinnvoll auf einer anderen Position eingesetzt werden können und umgekehrt wird man praktisch nie einen Feldspieler auf dem Pitchers Mound finden. Ein Äquivalent im Fußball wäre der Torhüter, der ja auch nur äußerst ungern gegen einen Feldspieler ausgewechselt wird. Das zielgenaue und trickreiche Werfen von Strikes ist eine hohe Kunst, die jahrelanges Training erfordert. Für einen Profi-Baseballspieler ist das Treffen des Balles mit dem Schläger nämlich durchaus kein reines Zufallsprodukt. Würde man ihm einfach nur gerade Würfe ohne größere Variationen anbieten, würde er diese zuverlässig und ohne weiteres Aufhebens aus dem Stadion schießen. Das lässt sich gut beobachten beim so genannten Homerun Derby, welches als Gaudi-Wettbewerb im Vorfeld des jährlichen All-Star-Spiels durchgeführt wird. Hierbei wirft der Pitcher betont harmlos, woraufhin es durchaus vorkommen kann, dass der Batter zehn Homeruns am Stück erzielt.

Im Ligaspiel kommt man so natürlich nicht weiter. Deswegen hat ein guter Pitcher ein ganzes Arsenal an verschiedenen Würfen, mit denen er die gegnerischen Batter eindeckt. Am häufigsten zu sehen und technisch am einfachsten zu werfen ist der so genannte Fastball („Schnell-Ball"). Mit bis zu 100 mph (Meilen pro Stunde, also gut über 160 km/h) kommt dieser auf die Strikezone zu. Der Abstand zwischen der Abwurfstelle und der Homeplate ist 60 ½ Fuß, also keine 19 Meter, was dem Batter eine außerordentliche

Reaktionsschnelligkeit abverlangt. Andere Würfe, wie etwa der Curveball („Kurven-Ball"), sind nicht so schnell, fliegen aber nicht geradeaus. Der Pitcher hat diesem Ball beim Abwurf einen Drall mitgegeben, der ihn ähnlich wie eine Bananenflanke um die Ecke fliegen oder zum Beispiel kurz vor der Strikezone nach unten absacken lässt. Ein anderer Wurf ist der Knuckleball („Knöchel-Ball") der so geworfen wird, dass er keine Eigenrotation aufweist und dadurch eine instabile und unberechenbare Flugbahn nimmt.

Doch auch der beste Pitch kann üble Folgen haben, wenn der Catcher ihn nicht fängt. Dieser hat in mancherlei Hinsicht einen noch schwierigeren Job als der Pitcher. Nicht nur muss er fast täglich spielen und dabei die meiste Zeit in seiner unbequemen tiefen Hocke kauern, sondern er ist auch maßgeblich für die Strategie der Verteidigung zuständig. Er muss jederzeit die eventuell vorhandenen Baserunner im Auge behalten und möglicherweise durch einen schnellen und exakten Wurf vom Vorrücken abhalten, beziehungsweise „aus" werfen. Damit der Catcher sich auf den jeweils anstehen Ball einrichten kann, gibt er seinem Pitcher Signale, indem er die Nummer des vorgeschlagenen Pitches mit den Fingern seiner freien Hand anzeigt und den Fanghandschuh als Ziel an die richtige Stelle hält, woraufhin sein Gegenüber lediglich mit einem Nicken oder Kopfschütteln antwortet. Auf diese Art wird verhindert, dass der Batter, der ja mit dem Gesicht zum Pitcher steht, die Zeichen mitbekommt und sich so einen Vorteil verschafft*.

Um seine Trefferchancen zu erhöhen, versucht der Batter bereits im Ansatz zu erkennen, welche Art Pitch auf dem Weg ist. Die Handhaltung und Ausholbewegung vor den einzelnen Würfen unterscheiden sich geringfügig und können als Anhaltspunkt

---

* Das geheime Austauschen von Zeichen ist auch ein wichtiges Mittel des Managers, um den Spielverlauf zu beeinflussen. Je nach Situation wird er bestimmte Defensivaktionen, wie etwa ein „Pitchout", einen Wurf, den der Catcher im Stehen auffängt und so besonders schnell zur 2nd Base werfen kann, falls ein gegnerischer Runner versucht „zu stehlen", oder Offensivspielzüge, wie etwa einen „Suicide Squeeze", bei dem ein Läufer von der 3rd Base auf Kosten eines Outs punkten soll, anfordern und über eine Sequenz geheimnisvoller Gesten mittels der Coaches an die Spieler übermitteln. Diese müssen die Zeichen dann nur noch beachten und natürlich richtig interpretieren, was bisweilen auch schief geht und skurrile Situationen verursacht.

verwendet werden, weshalb vor dem Spiel gern Videoaufnahmen vom gegnerischen Pitcher studiert werden. So wie ein Torhüter beim Elfmeter versucht, „die Ecke zu ahnen“, muss auch der Batter hoffen, dass er den kommenden Pitch richtig einschätzt. Der Pitcher hingegen versucht, den Batter zu verladen, wobei er neben der Platzierung seiner Würfe ein weiteres Mittel hat, nämlich die Geschwindigkeit. Gelingt es ihm, einen 80 mph-Changeup so aussehen zu lassen, wie einen 95 mph-Fastball, wird der Batter mit dem Timing durcheinander kommen und den Ball, wenn überhaupt, erst viel zu spät in seiner Schwungbewegung treffen.

Der Pitcher hat mit Abstand den anstrengendsten Job, da er in jeden Spielzug der Defensive involviert ist. Das ständige Ballwerfen mit voller Wucht geht schnell an die Substanz, wie jeder bestätigen kann, der schon mal einen Schneeballweitwurf-wettbewerb mitgemacht hat. Heutzutage (in früheren Zeiten sah man das noch nicht so eng) wird deswegen genau mitgezählt und der Starting Pitcher meist nach etwa 100 geworfenen Bällen aus dem Spiel genommen*. Außerdem kommt er ohnehin nur alle fünf Tage zum Einsatz und darf seinen Arm den Rest der Zeit schonen.

Der Team Manager hofft darauf, dass sein Starter möglichst lange im Spiel bleiben kann, also mit seinen circa 100 Pitches möglichst viele Outs erzielt. Das Auswechseln des Pitchers ist immer mit einem gewissen Risiko verbunden. Zum Einen hat der Bankspieler vielleicht nicht ganz die Klasse des Starters (sonst wäre er ja selber einer), zum Anderen hat er bei seinem Kurzeinsatz kaum Spielraum für Fehler. Der Starting Pitcher kann notfalls im ersten Inning einen Run zulassen, solange er sich später fängt und die gegnerische Offensive in Schach hält. Ein Ersatzmann spielt vielleicht nur für ein Inning und sollte in diesem natürlich keinen Schaden anrichten. Dabei ist die nervliche Belastung auch noch ziemlich hoch, denn gegen Ende des Spieles wiegen Fehler besonders schwer. Außerdem geht auch ein Kurzeinsatz so auf die Substanz, dass die Fehler- und Verletzungsanfälligkeit steigt, wenn ein Ersatzpitcher (Relief Pitcher) an vielen aufeinander folgenden Tagen Dienst tun muss.

---

* Wie für alles, gibt es auch hier Ausnahmen. Zum Beispiel ist es äußerst unüblich, einen Pitcher auszuwechseln, der an einem No-Hitter arbeitet. Die Gelegenheit in die Geschichte einzugehen wird wohl kein Manager seinem Spieler so einfach verweigern, Pitch count her oder hin.

Einen gewissen Starstatus hat oft der so genannte „Closer“, ein Pitcher, der darauf spezialisiert ist, einen knappen Vorsprung zu retten. Er kommt in der Regel nur zum Einsatz, wenn sein Team in einem engen Spiel im letzten Inning führt, und er die noch fehlenden drei Outs schaffen soll. Im Prinzip macht er nichts anderes als die übrigen Pitcher auch, indes gilt er als besonders nervenstark und effektiv. Er hat sein Arsenal auf seine vergleichsweise überschaubare Aufgabe ausgerichtet. Oft wirft ein Closer entweder einen besonders kraftvollen Fastball, oder er beherrscht das Anschneiden seiner Würfe so gut, dass die gegnerischen Batter verzweifeln. Diese Pitches sind körperlich ziemlich fordernd, aber die Attitüde des Closers ist die eines K.O. Boxers; er ist sich sicher, dass er den Kampf gewinnt, lange bevor ihm die Puste ausgeht. Zur Imagepflege gehört auch, dass er (bei Heimspielen) zu seiner eigenen, in der Regel recht martialischen, Erkennungsmelodie aufs Feld marschiert. Auf den gegnerischen Batter wirkt es wahrscheinlich nicht sonderlich ermutigend, wenn er – die Niederlage vor Augen – einem Pitcher gegenüber tritt, der dafür bekannt ist, keine Schwäche zu haben. (Die Schwäche wäre die, dass er schnell ermüdet, aber das ist in diesem Augenblick wohl kaum tröstlich.)

- 18 -

Baseball ist eine typische Sommersportart. Schlechte Witterung passt einfach nicht so recht zum Charakter des Spiels. Die Zuschauer wollen sich einen gemütlichen Abend im Stadion machen oder auf der Terrasse mit Kofferfernseher und Barbecue die laue Sommerluft genießen. Eine Sitte, die beides verbindet, ist das „Tailgating“, wobei tailgate für die Heckklappenöffnung seines Autos steht, welche der Amerikaner gern in den Stunden vor dem Spiel als Sitzfläche benutzt, wenn er auf dem Stadionparkplatz angekommen ist, seinen Grill und seine Campingmöbel ausgepackt hat, und sich in geselliger Runde auf den Spielbesuch freut. Alkoholkonsum in der Öffentlichkeit ist in diesem Fall gestattet, wobei die Tailgating Tradition in Boston angesichts der Parkplatzknappheit wohl trotzdem nicht sehr gepflegt wird.
Die Stimmung ist friedlich und familiär. Aufgrund des dichten Spielplanes und der weiten Entfernungen gibt es eigentlich keine Auswärtsfans, die „ihr“ Team begleiten. Die 81 Heimspiele, die man sich ja ohne weitere Anreise ansehen kann, genügen wohl den allermeisten. Trotzdem läuft natürlich dann und wann ein Fan der Gastmannschaft durchs Bild, welcher meistens ein Zugereister sein dürfte, der sich nun freut, mal wieder sein Heimatteam live zu sehen. Anders als in vielen Fußballstadien muss ein solcher Fan nicht um Leib und Leben fürchten, sondern er wird nett von seinen Sitznachbarn aufgenommen, die unter Umständen sogar an seiner Freude oder seinem Missvergnügen Anteil nehmen. Eine räumliche Trennung der Fans ist jedenfalls nicht nötig und eigentlich auch völlig unvorstellbar.
Unter den Spielern gibt es dann und wann aber schon handgreifliche Auseinandersetzungen. So gelassen und unbeteiligt wie sich diese, immer lässig Kaugummi, Sonnenblumenkerne oder Tabak kauenden, Helden auch geben, sind sie doch sehr darauf bedacht, sich im Konfliktfall schadlos zu halten. Baseball ist durchaus ein Kontaktsport. Ein „tag“, bei dem der Verteidiger mit dem Ball in der Hand den Läufer abschlägt, zählt beispielsweise nicht als solcher, wenn der Verteidiger den Ball loslässt. Das versucht der Läufer schon mal zu bewirken, indem er möglichst heftig mit seinem Gegenspieler kollidiert. Dieser ist also gut beraten, sich aus der Laufbahn herauszuhalten und den tag nur seitlich anzubringen.

Manchmal lässt der Verteidiger es aber auch bewusst auf eine Kollision ankommen, wenn die Taktik es erfordert. Diese Aufgabe fällt in der Regel dem Catcher zu, der bei manchen Spielzügen die letzte Verteidigungslinie darstellt, indem er die homeplate blockiert. Das kann er natürlich nicht den ganzen Tag lang machen, aber für ein paar Sekundenbruchteile schon. So gibt es bisweilen die Situation, dass ein Runner aus Richtung 3rd Base angesprintet kommt, während der Catcher noch darauf wartet, dass ihm der Ball zugeworfen wird. Im Idealfall ist der Ball zuerst da; der Catcher fängt ihn auf und tagged den Runner out, bevor dieser die plate erreichen und damit punkten kann. Ist das Eintreffen des Balles etwas später zu erwarten, kann der Catcher versuchen, den Runner etwas einzubremsen und den direkten Weg zum Ziel zu verstellen. Der Runner hat dann zwei Möglichkeiten: ausweichen und vielleicht im letzten Moment doch noch abgeschlagen zu werden, oder den Catcher umrennen. Eher schmächtig gebaute Spieler bevorzugen sicherlich die erste Variante, bei fülligeren Typen kann der Catcher sich auf einen ordentlichen Aufprall gefasst machen.

Ähnlich gefährlich kann es für den Verteidiger bei einem versuchten double play werden. In den meisten Fällen geht das so: Die 1st Base ist besetzt und der aktuelle Batter schlägt einen Groundball ins Infield. Nun muss die Verteidigung sich sputen - während ein nahe stehender Feldspieler, etwa der Shortstop, den Ball aufnimmt, läuft der 2nd Basemann zur 2nd Base, tritt mit dem Fuß drauf, lässt sich den Ball zuwerfen und schmeißt ihn unverzüglich weiter zu seinem Kollegen an der 1st Base. Unterdessen kommt der erste Runner von dort angesprintet und versucht in die 2nd Base zu schliddern, bevor der dortige Verteidiger den Ball hat. Oft funktioniert das nicht und der Läufer ist out, jedoch kann er wenigstens verhindern, dass der Ball rechtzeitig weitergeleitet wird, indem er den Verteidiger mit seinem wilden „slide“ von den Beinen holt oder zumindest zum Ausweichen nötigt.

Die Regeln sind hier recht lasch gefasst, so dass die Umpires kaum mal jemanden wegen gefährlichen Spiels vom Platz stellen. Möchte die andere Mannschaft sich revanchieren, könnte sie vermutlich lange auf eine ähnliche Situation warten. Viel geeigneter zur Rache ist da das nächste at-bat. Kommt der fragliche Spieler an den Schlag, kriegt der Pitcher schon mal ein Zeichen von der Bank, diesem ordentlich einen auf den Pelz zu brennen. Er wirft dann „unabsichtlich“ einen Pitch direkt auf den Schlagmann, so dass der

meist nicht mehr ausweichen kann und sich einen anständigen Bluterguss einhandelt. Nun ist es die Frage, ob er es trägt wie ein Mann, oder ob er wütend wird und auf den armen Pitcher zustürmt, um ihn ordentlich zu vermöbeln. Eine solche Aktion ruft in aller Regel die übrigen Mitspieler beider Teams auf den Plan, die sich dann zu einer munteren Keilerei auf dem Pitchers Mound treffen. Die Gemüter kühlen dabei meist recht schnell wieder ab – manchmal ist alles schon vorbei, wenn endlich die Pitcher vom oft etwas weiter entfernten Bullpen eintreffen. Diese stehen dann noch etwas unschlüssig herum, ersparen sich aber immerhin irgendwelche Verletzungen und Disziplinarstrafen, was den Manager sicher freut.
Spieler, die vom Platz gestellt wurden, werden übrigens durch einen Bankspieler ersetzt. In dem oben beschriebenen Fall, dass der abgeschossene Batter eine Schlägerei anfängt, wird der mit Sicherheit des Feldes verwiesen. Sein Ersatzmann darf sich als nächstes an der 1st Base aufstellen, denn dort wäre der Batter als Opfer eines HBP (hit by pitch) ja gelandet, wenn er die Nerven behalten hätte.

- 19 -

Eine definitiv zu Recht gepflegte Meinung über Amerikaner ist, dass sie besessen sind von jedweder Art Statistiken, besonders im Zusammenhang mit Sport. Nachdem ich mich eines Abends mal wieder entschlossen hatte, ein Fußballspiel zu sehen und ich zu diesem Zweck die Begegnung meiner Uni-Mannschaft gegen eine andere Uni besuchte, wurde mir so kalt und langweilig, dass ich nach 75 Minuten wieder das Weite suchte. Ich hatte ein wenig ein schlechtes Gewissen, weil ich ohne guten Grund das Spiel vorzeitig verlassen hatte und trug den Sportplatz nur widerstrebend in meine Groundhopper-Liste ein. Wenigstens aber wollte ich mir am nächsten Tag den Spielbericht in der Zeitung durchlesen, wobei ich feststellte, dass der Reporter auch hier nicht ohne eine Vielzahl, zumeist nichts sagender, Statistiken auskommen konnte. So war beispielsweise zu lesen, dass die Zuschauerzahl die neuntgrößte in der Geschichte des Stadions gewesen war, dass die Torvorlage des Torwarts die erste solche seit 2001 war und dass drei Spieler ihren jeweils persönlichen Rekord an Schüssen eingestellt beziehungsweise gebrochen hatten. Informationen auf die ich notfalls auch hätte verzichten können. Das Spiel wurde übrigens mit 3:0 gewonnen.

Baseball ist dagegen ohne Statistiken kaum vorstellbar. Sie helfen nicht nur den Kommentatoren, ihren unaufhörlichen Redeschwall aufrecht zu erhalten, sondern die meisten sind tatsächlich relevant. Beim Fußball interessiert einen vielleicht noch die Elfmeter-Trefferquote eines Spielers, der gerade einen Strafstoß verwandeln soll. Steht dort 100% schaut man dem Schuss doch optimistischer entgegen als wenn man weiß, dass dem Mann regelmäßig die Nerven versagen. Gleichzeitig ist einem aber auch klar, dass bei vielleicht fünf Elfmetern pro Saison die Signifikanz einer solchen Statistik höchst fraglich ist. Ein Baseballspieler jedoch kommt im Laufe einer Saison etwa 600 bis 800 Mal zum Schlag. Ermittelt man demnach seine durchschnittliche Hit-Quote, basiert das auf einer statistisch relevanten Grundgesamtheit.

Wie der ERA für einen Pitcher, ist die Batting Average (AVG) für einen Feldspieler der wichtigste Kennwert. Er gibt an, mit welcher Häufigkeit dem Batter ein Hit gelingt. Ein Wert von .250 heißt, dass der betreffende Spieler im Schnitt bei jedem vierten at-bat Erfolg hat. „Magische" Grenzwerte sind .200 nach unten hin und .400 als

„Schallmauer". Während ein Spieler, der über die ganze Saison hinweg unter .200 schlägt, sich zum Gespött der Leute macht, ist es umgekehrt seit fast 70 Jahren nicht mehr vorgekommen, dass einer die .400er Schwelle erreicht.
Die Batting Average ist zwar recht aussagekräftig, jedoch nicht allein maßgeblich für den Erfolg. Man kann die Base ja auch ohne einen Hit erreichen, zum Beispiel durch einen Walk oder durch einen Error. Auch bedeutet ein Hit ja noch keine Punkte, ist also unter Umständen für das Team fruchtlos. Andere beliebte Statistiken widmen sich daher der Wahrscheinlichkeit, dass ein Batter die 1st Base erreicht (On Base Percentage OBP) oder der Gesamtausbeute an Bases, wobei ein Double höher bewertet wird, als ein Single (Slugging Percentage SLG%).
Außerdem werden natürlich Homeruns (HR) und ähnliche Errungenschaften gezählt. Der Sinn von einigen Statistiken ist mir lange etwas zweifelhaft vorgekommen, wie etwa der der eingebrachten Runs (Runs batted in RBI). Hier wird gezählt, wie viele Punkte sein Team erzielt, während der entsprechende Spieler am Schlag ist. Ein ganz normales Single kann demnach mit einem RBI bedacht werden, wenn dieses jemand zum punkten nutzt, der in Scoring Position auf der 2nd oder 3rd Base gestanden hatte, also etwas worauf der Batter keinerlei Einfluss hat. Andererseits gibt es ja auch im Fußball eine gewisse Anerkennung für den Vorbereiter, der vielleicht nur seine übliche Flanke schlägt, aber eben das Glück hat, dass ein Mannschaftskollege den Ball ins Tor köpft*.
Inzwischen muss ich schon gestehen, dass ich es lieber sehe, wenn in einer entsprechenden Situation ein Spieler an der Reihe ist, dessen RBI Bilanz ermutigend aussieht. Ganz ähnlich geht es da auch dem Manager, welcher die Batting Order nach derartigen

---

* Ein wenig anders ist die Lage beim RBI dann aber doch: Wenn Läufer auf den Bases sind, also die Gefahr besteht, dass mit einem Basehit gepunktet wird, mag der Pitcher seinen Ansatz etwas ändern. Er wirft dann sein bestes Material. Zum Beispiel versucht er, etwa seinen Fastball noch ein wenig schneller werden zu lassen oder seinen curve ball noch etwas schärfer anzuschneiden als gewohnt. Das geht natürlich an die Substanz, weshalb der Pitcher nur im Notfall auf diese Waffen zurück greift und ansonsten versucht mit weniger anspruchsvollen Würfen über die Runden zu kommen. Ein basehit mag daher einfacher zu erzielen sein, wenn die Bases leer sind und der Pitcher im „Spritspar-Modus" ist, als in einer RBI-Situation, wenn er die schärfsten Geschütze auffährt.

Statistiken aufstellt. Der erste Mann im „lineup“ sollte eine hohe OBP haben und ein schneller Base stealer sein, der zweite ein guter „contact hitter“, der nicht oft aus-striked, sondern, wenn er es auch nicht selbst auf die 1st Base schafft, zumindest seinem Vordermann auf die 2nd Base verhilft. Dazu reicht manchmal schon ein mittelmäßiger Groundball, also ein Kullerball, der von der Verteidigung zwar nicht mehr rechtzeitig zur 2nd Base geworfen werden kann, aber immerhin ein sicheres Out auf der 1st Base erlaubt. Der dritte Mann könnte ein „RBI guy“ sein, der eine gute Chance hat, den Run von der 2nd Base zu ermöglichen. Natürlich ist es, abgesehen vom ersten Inning, im Verlauf des Spiels nicht garantiert, dass diese drei alle noch mal im gleichen Inning hintereinander dran kommen. Statistische Überlegungen gebieten es dem Manager trotzdem, die meist versprechende Reihenfolge zu wählen und sei der Vorteil noch so klein*.

Ein weiteres Anwendungsgebiet der Statistik ist „Fantasy Baseball“, ein meist online gespieltes und in weiten Kreisen sehr populäres Tippspiel, bei welchem jeder Teilnehmer ein virtuelles „Auswahlteam“ aus echten Spielern zusammenstellt. Anhand von deren Leistungen während der echten Spiele wird dann der Tabellenstand in der „Fantasy League“ ermittelt. Ähnliches gibt es übrigens auch für Bundesliga-Fußball, wobei meist solche Kriterien wie die *KICKER*-Benotung der Spieler als Bewertungsgrundlage dienen. Diese sind natürlich eher schwammig im Vergleich zu den handfesten Statistiken, die beim Baseball verfügbar sind.

---

* Tatsächlich ist es sogar eher üblich, den besten Hitter an vierter Position aufzustellen. Wenn man davon ausgeht, dass vor ihm zumindest ein Teamkollege „base erreicht“, also kein „out“ macht, ist das Inning ja nach drei Battern noch nicht zuende.

- 20 -

Als Student an einer Amerikanischen Universität hatte ich reichlich Gelegenheit, die verschiedensten Sportarten nicht nur selbst zu betreiben, sondern auch als Zuschauer zu verfolgen. Die studentischen Teams spielen in eigenen College-Ligen unter nahezu professionellen Bedingungen, und dienen der jeweiligen Universität als Aushängeschild und Identifikationssymbol für ihre Studenten. Gleichzeitig wird der Nachwuchs für die Profiligen sorgfältig ausgebildet.

Der Karriereweg eines Sportlers in den USA ist im Regelfall ausgesprochen geradlinig durchorganisiert. Nachdem das Kind an der Highschool sein Talent gezeigt hat, wird es in die entsprechende Schulmannschaft aufgenommen und kann sich dort über die Jahre die nötigen Fertigkeiten antrainieren und Wettkampferfahrung sammeln. In den letzten Schuljahren wird der Nachwuchsathlet bei gegebenem Erfolg vom Scout einer Universität entdeckt und bekommt ein Sportstipendium angeboten. Ist er besonders viel versprechend, kann er sogar aus mehreren Angeboten auswählen. An der Uni belegt er meistens ein Fach, welches als nicht sonderlich zeitaufwändig gilt und widmet sich hauptsächlich dem Trainieren und Spielen in der Sportmannschaft. Die College-Ligen gelten als höchste Stufe des Amateursports und werden regelmäßig im Fernsehen übertragen, wobei Football und Basketball allerdings einen höheren Stellenwert haben als Baseball. Die Studenten verbessern so nicht nur ihre sportlichen Fähigkeiten, sondern werden bereits frühzeitig auf das Leben eines Profisportlers vorbereitet. Sie stehen in der Öffentlichkeit, müssen Interviews und Autogramme geben, haben Fans und karitative Verpflichtungen und so weiter. Was sie noch nicht haben, jedenfalls nicht offiziell, ist Geld.

Dieses kommt als nächstes, wenn sie nämlich nach ihren vier Jahren an der Uni von einem Proficlub verpflichtet werden. Die so genannte Draft (Ziehung) gehört zu den mit Spannung verfolgten Höhepunkten der Nebensaison. Ein überragender Collegespieler kann hier schon mit seinem ersten Vertrag für den Rest seiner Tage aus sorgen, die große Masse aber muss hoffen, überhaupt irgendwo unter zu kommen und nicht ihren Lebensunterhalt auf Basis ihres praktisch wertlosen Universitätsabschlusses bestreiten zu müssen.

Im amerikanischen Sportbusiness haben sich darüber hinaus einige Gepflogenheiten etabliert, die aus europäischer Sicht eher befremdlich wirken, jedoch der Rolle von Spitzensport als Unterhaltungsangebot konsequent Rechnung tragen. So gibt es das Konzept von Auf- und Abstieg praktisch nicht. Ein Erstligateam wird aufgrund marktwirtschaftlicher Überlegungen in einer Gegend mit hoher Einwohnerzahl und geringer Konkurrenz durch andere Sportarten angesiedelt. Wenn man also beispielsweise ein Baseballteam gründen möchte, braucht man neben dem nötigen Kleingeld ein überzeugendes Marketingkonzept, welches die Ligaverwaltung dazu bewegt, eine entsprechende Lizenz zu vergeben. Nun kann man entweder ein bestehendes Team übernehmen und umsiedeln, wozu sich chronisch erfolglose Mannschaften mit einer kleinen Fanbasis anbieten, oder man gründet ein komplett neues Team, welches mit einer Erweiterung der Liga einhergeht und deswegen nicht so ohne weiteres zu machen ist. Die letzte Vergrößerung der Liga gab es nach mehrjährigen Verhandlungen und Vorbereitungen 1998 mit der Gründung der Arizona Diamondbacks und der Tampa Bay Devil Rays*. Die simple Umsiedlung von Teams hingegen wird weitaus häufiger diskutiert. Zuletzt wechselte eine Franchise im Jahre 2005, als die Montreal Expos nach Washington umzogen, wo sie außerdem noch umbenannt wurden und seitdem als Nationals firmieren.

Der Gedanke, dass so etwas auch im Bundesligafußball möglich wäre, ist sicherlich sehr abwegig und es steht zu bezweifeln, dass jemand so knallhart gegen den Willen der betroffenen Fans entscheidet. Andererseits gibt es ähnliche Tendenzen durchaus, indem zum Beispiel ein Verein wie Hoffenheim in die erste Liga gehievt wird, auch weil der Sponsor eine günstige Marktsituation für ein Spitzenteam in der Region nutzen will.

Rein logisch sollte es den sporadischen Stadionbesucher doch auch wenig interessieren, welche Tradition, ja selbst welche früheren Erfolge die Mannschaft aufzuweisen hat. Letztlich möchte er sich gut unterhalten, sich keine Sorgen machen und natürlich möglichst sein favorisiertes Team gewinnen sehen. So jedenfalls ist die Grundeinstellung vieler Baseballzuschauer. Selbstverständlich gibt

---

* Inzwischen wurde der Teamname in das weniger teuflisch klingende "Tampa Bay Rays" geändert.

es auch viele eingefleischte Anhänger, für die der Besuch eines Spieles nicht nur ein entspannter Zeitvertreib ist, wobei diese eher im Einzugsgebiet echter Traditionsmannschaften zu finden sein sollten, als dort wo der örtliche Klub erst seit ein paar Jahren spielt und dies bestenfalls mittelmäßig erfolgreich. Eine Sonderstellung nehmen die Chicago Cubs ein, einer der ältesten Baseballclubs, der eine riesige Anhängerschaft im ganzen Land hat. Gleichzeitig ist das Team das weitaus erfolgloseste der gesamten Liga. Mehr als 100 Jahre liegt die letzte Meisterschaft zurück, solange wie bei keinem anderen Verein. Anders als die Red Sox kamen die Cubs seitdem auch nur sporadisch in die Nähe eines weiteren Titelgewinns, was ihnen eine Reputation als sprichwörtliche „ewige Verlierer" einbrachte. Trotzdem, oder vielleicht auch gerade deswegen, wird das Team von seinen Fans heiß geliebt und ist einer der wirtschaftlich erfolgreichsten Sportvereine überhaupt.
Ansonsten hat man oft das Gefühl, dass die Sehnsucht sich mit einem Sportverein identifizieren zu können, in Amerika weitgehend durch die College Mannschaften abgedeckt wird. Gerade als Absolvent einer Uni wird man bis ans Ende seiner Tage deren Sportteams unterstützen und das auch gern jeden wissen lassen.
Während man beim Football oder Basketball viele gedraftete Spieler in der neuen Saison schon spielen sieht, ist der Weg nach ganz oben im Baseball ungleich länger. Ein Major League Team wird seinen Frischangestellten zunächst Gelegenheit geben, sich in den unteren Profiligen zu beweisen. Unterhalb der MLB gibt es zahlreiche weitere Spielklassen unterschiedlichen Leistungsniveaus, deren Teams meist in entsprechend kleineren Städten beheimatet sind. Diese Minor League Clubs sind jeweils organisatorisch an einen der 30 MLB Clubs angegliedert und werden von diesen zum Entwickeln junger Talente oder zum Parken etablierter Kräfte im Leistungstief genutzt. Natürlich wird auch hier fast täglich gespielt, die Spieler, Trainer und Schiedsrichter sind ebenso Vollprofis, nur sind die Stadien kleiner und die Auswärtsreisen werden mit dem Bus statt dem Flugzeug unternommen.
Nach manchmal vielen Jahren in den Minor Leagues schafft es der ehemalige College-Spieler eines Tages vielleicht doch in die „Show", sein beharrlicher Aufstieg durch das System hat ihn auf den Notizzettel des Managers gebracht und als dieser zum Beispiel wegen der Verletzung eines Stammspielers Ersatz braucht, ruft er

ihn „hoch". Nun ist die Chance da, sich auf höchster Ebene zu etablieren, welche von manchen genutzt, von weitaus den meisten jedoch vergeben wird. Bei einer Kadergröße von 25 stehen in den Major Leagues nur 750 Arbeitsplätze für Spieler zur Verfügung, wobei viele davon nur alle zehn Jahre oder noch seltener neu besetzt werden. Dem gegenüber gibt es hunderttausende Highschool-Studenten, die jedes Jahr beginnen, wettkampfmäßig Baseball zu spielen. Man darf also getrost davon ausgehen, bei einem MLB-Spiel nur die Besten der Besten zu sehen, die sich ihren Platz in der Aufstellung und ihr Jahresgehalt (von derzeit durchschnittlich gut 3 Millionen Dollar) mühevoll verdient haben.

- 21 -

Inzwischen lebe ich seit über sechs Jahren in Amerika. Noch immer bin ich fasziniert vom Baseball. Zwar bin ich nicht mehr sonderlich neugierig auf die Regeln, obwohl mir auch hier immer wieder Aspekte auffallen, die ich noch nicht kannte. Die Red Sox Spiele kann ich auch nur noch selten sehen, weil nur wenige davon im landesweiten Fernsehen gezeigt werden. Wenn jedoch mal eines der klassischen Duelle mit den Yankees als „Sunday night game" auf ESPN läuft, sitze ich vor dem Bildschirm und fühle mich in den Sommer 2006 zurück versetzt, einen schwül-heißen Juli und August in Boston, in welchem jeder Tag aufregend und voller neuer Eindrücke für mich war, und in welchem viele davon mit dem abendlichen Baseballspiel im Fernsehen endeten.
Und natürlich lache ich mir ins Fäustchen bei Ereignissen wie den legendären vier aufeinander folgenden Homeruns gegen die Yankees oder dem unglaublichen No-Hitter gegen Baltimore von Nachwuchspitcher Clay Buchholz im erst zweiten Spiel seiner Karriere. Die World Series 2007 war zwar nicht sonderlich spannend, trotzdem habe ich mit größtem Vergnügen zugesehen, wie Boston mit 4-0 Spielen gegen Colorado seinen zweiten Meistertitel in nur drei Jahren errang.
An normalen Tagen verfolge ich die Geschicke der Mariners, welches leichter zu bewerkstelligen ist, da diese in den regionalen Medien in Seattle naturgemäß mehr Platz eingeräumt bekommen. Der Tatsache, dass beide Teams in gänzlich unterschiedlichen Divisionen spielen und nur recht selten gegen einander antreten müssen, habe ich es zu verdanken, dass ich meine Sympathien teilen kann und nur äußerst selten in Konflikte komme. Denn natürlich besteht das Spannende an einem Baseballspiel darin, dass man „seine" Mannschaft gewinnen sehen möchte.
Dabei gibt es praktisch ständig Chancen und kritische Momente zu sehen. Es gibt kein Mittelfeldgeplänkel oder sonstigen Leerlauf. Jedes at-bat birgt ja die Möglichkeit zum Punkten, wobei sich die Spannung unter Umständen stufenweise steigert, wenn das Duell zwischen Pitcher und Batter wie beim Armdrücken mal in die eine, mal in die andere Richtung schwingt, wenn es der Verteidigung nicht gelingt, ein paar wichtige Outs zu verzeichnen und sich mehr und mehr Baserunner ansammeln, oder wenn diese sich Stück für Stück um die Bases in Richtung Ziel vorarbeiten. Auch der Fakt,

dass ein Spiel mit dem letzten at-bat noch gewonnen werden kann, egal wie groß der Rückstand ist, trägt dazu bei, dass man nicht vorzeitig abschaltet. Die Tatsache, dass man sich nicht auf einer Führung ausruhen und die Uhr runter ticken lassen kann, macht das Spiel zu etwas besonderem. „Du musst den Ball über die verdammte Plate werfen und dem anderen Mann seine Chance geben."*

Innerhalb des großen Kampfes Team gegen Team gibt es kleine Zweikämpfe, die die Angelegenheit durchgängig interessant machen. Ich hatte das Pitchen ja bereits mit dem Elfmeterschießen verglichen. Nur ist das Elfmeterschießen eine vergleichsweise simple Angelegenheit, die ihren Reiz wohl schnell verlieren würde, wollte man damit den ganzen Abend zubringen. Das Kräftemessen zwischen Pitcher und Batter ist dagegen so vielschichtig, dass man tatsächlich den ganzen Abend zuschauen kann. Für welchen Pitch entscheidet sich der Pitcher in welcher Situation? Wirft er bei einem 0-2 count (0 Balls, 2 Strikes) einen weiteren Strike, oder schickt er den Batter „fischen"? Wie macht er es bei 3-2? Wie reagiert der Batter darauf? Wie verändert der Batter seinen Ansatz, wenn er das zweite Mal an der Reihe ist? Wie der Pitcher? Wird der Pitcher vielleicht nervös, wenn ihm ein paar schlecht platzierte Würfe unterlaufen? Lässt er sich ablenken, wenn er zusätzlich auf einen Baserunner Acht geben muss? Macht er einen Fehler und wirft einen leicht zu treffenden Ball? Kann der Batter ihn nutzen?

Auch wenn der Ball geschlagen wurde, bleibt es spannend. Es gibt Feldspieler, die routiniert und sicher ihre Aufgabe erledigen, Leute bei denen man beruhigt ist, wenn der Ball in ihre Richtung geht. Es gibt aber auch welche, die ein wenig als schlampige Genies bezeichnet werden können. Sie sind immer für einen spektakulären Spielzug gut, bei dem sie zum Beispiel ein nicht für möglich gehaltenes Groundout durch einen halsbrecherischen Hechtsprung und anschließendes blitzartiges Weiterleiten des Balles doch noch ermöglichen. In der nächsten Situation aber greifen sie vielleicht vor lauter Hektik an einem harmlosen Ball vorbei oder senden

---

* "You can't sit on a lead and run a few plays into the line and just kill the clock. You've got to throw the ball over the goddamn plate and give the other man his chance. That's why baseball is the greatest game of them all." - Earl Weaver

einen überhasteten Wurf weit über den Kopf des angepeilten Mitspielers.
In der Offensive kann man ebenfalls unterschiedliche Typen beobachten. Da gibt es den eifrigen Neuling, der auch bei einem eigentlich hoffnungslosen Groundball zur 1st Base sprintet um vielleicht doch schneller zu sein, als der Wurf. Man freut sich mit ihm, wenn er es durch diese Aggressivität dann tatsächlich einmal schafft, den Gegner in einen Fehler zu treiben. Jacoby Ellsbury ist so ein Spieler, der in seiner ersten Saison 2007 öfter durch freche und unerwartete Aktionen erfolgreich war. Eine denkwürdige Szene gab es in einem seiner ersten Major League Spiele, als er in der Begegnung der Red Sox gegen die Rangers nicht nur die Verteidigung verblüffte, indem er einen Wild Pitch des gegnerischen Pitchers nutzte, um von der 2nd Base zu punkten. Jeder andere wäre in dieser Situation lediglich um eine Base weiter gerückt. Selbst der 3rd Base Coach war so verdattert, dass er erst mit dem Durchwinken anfing, als Ellsbury schon längst an ihm vorbei gesprintet war.
Andere Spieler sind die Gelassenheit selbst, sie finden rennen uncool und versuchen lieber jeden Ball direkt aus dem Stadion zu schlagen. Manny Ramirez war berüchtigt dafür, dass er sich, wenn er glaubte, einen Homerun geschlagen zu haben, breitbeinig in Pose stellte, um dem Ball nachzuschauen und sich anschließend nur träge in Trab setzte. Bei einer solchen Gelegenheit, als der Ball in Wirklichkeit von der oberen Kante des Begrenzungszaunes zurück ins Spielfeld prallte, er also den Homerun knapp verfehlte, hatte Ramirez sich so lange an der Plate feiern lassen, dass er es, als er schließlich loslief, gerade noch auf die 1st Base schaffte. Der Hit wurde vom Reporter spöttisch als „wahrscheinlich längstes Single in der Geschichte des Sports“ bezeichnet, wobei das eigentlich Absurde daran war, dass der kniegeschädigte, 230 Pfund-Koloss Ortiz dabei von der 1st Base aus gepunktet hatte, also dreimal so weit gelaufen war.
Das Schöne am Baseball ist, dass auch bei einem Spiel, das nach allem Ermessen frühzeitig entschieden scheint und nicht viel hergibt, man immer noch eine gute Zeit im Stadion haben kann. Über eine Niederlage muss man sich nicht wirklich ärgern, denn schließlich ist es nur ein Spiel von 162. Aus dem gleichen Grund muss man auch einen Sieg nicht überbewerten, freut sich aber natürlich darüber. Daneben kann aber immer etwas passieren, was

den Abend unterhaltsam macht, und seien es auch nur Kuriositäten, die man nicht alle Tage sieht. Irgendein Spieler ist vielleicht auf der Jagd nach einem Saison- oder Karriererekord in einer der statistischen Kategorien. Möglicherweise gibt es besondere Defensivleistungen zu sehen, etwa ein „complete game“ für den Pitcher, einen spektakulären „catch“ eines Outfielders an der Mauer mit dem ein scheinbar sicherer Homerun noch verhindert wird oder ein überaus seltenes „triple play“. Vielleicht hat ein Offensivspieler Chancen auf ein „multi homer game“ oder „hitting for the cycle“*. Und natürlich ist auch eine unwahrscheinliche Aufholjagd nie ausgeschlossen.
Baseball ist eine entspannte Angelegenheit. Eingezäunte Fanblocks, wütende Schlachtgesänge, zusammengepferchte Stehplatzbesucher oder Wochenendhooligans gibt es praktisch nicht. Vermutlich liegt das daran, dass die Bräuche einfach andere sind. Es ist sicherlich auch ein Unterschied, ob man jeden Tag für einen netten Abend harmloser Unterhaltung ins Stadion fahren kann, oder ob man eine ganze Woche auf ein wichtiges Fußballmatch hin fiebert, stundenlang mit Gleichgesinnten und viel Bier in Bus und Bahn zum Auswärtsspiel unterwegs ist und dort angekommen schließlich von Hundertschaften Polizei ins Stadion eskortiert wird, wo dann in 90 Minuten darüber entschieden wird, wie man sich die nächste Woche lang fühlen wird. Natürlich ist die Atmosphäre da eine andere.
Dank meiner eigenen Erfahrungen in Amerika habe ich inzwischen meinen Frieden mit den „WM-Fans“ in der alten Heimat gemacht. Ich habe aus eigener Erfahrung gelernt, dass es durchaus Spaß machen kann, sich unbeschwert ein Spiel anzuschauen, zu dem man keinen Bezug hat und dass man nicht versteht und kann eine solche Einstellung niemandem mehr verübeln.
Mein Tipp an einen Fußballfan, der sich eine Zeitlang in den USA aufhalten muss: Gib Baseball eine Chance! Such dir ein Lieblingsteam aus (Ich empfehle natürlich die Red Sox. Ansonsten tut es wahrscheinlich auch der Club, der gerade in der Nähe ist.

---

* Single, Double, Triple und Homerun in einem Spiel. Die Besessenheit der Baseballspieler mit eigentlich unerheblichen, aber seltenen und „schön anzuschauenden“ Kunststückchen zeigt sich darin, dass ein Spieler, dem nur noch ein Single zum „cycle“ fehlt, nur bis zur 1st Base laufen wird, selbst wenn sein nächster Hit gut genug für extra Bases gewesen wäre.

Sollte das Schicksal dich nach New York verschlagen: die New York Mets sind ein prima Team und machen dich viel sympathischer als die Yankees!) und schau dir ein paar seiner Spiele an. Lies ein paar Spielberichte oder hör den Kommentatoren zu – du wirst sehen, je mehr man die Spieler und die Geschichte kennen lernt, umso interessanter wird der Sport. Es ist ein anderes Zuschauen als beim Fußball, soviel ist klar. Trotzdem: Du wirst nichts vermissen.

Zweiter Teil

oder

Was man über Amerikas Traditionssport vielleicht sonst noch wissen möchte, aber sicherlich nicht unbedingt wissen *muss*.

In der Einleitung zum ersten Ersten Teil dieses Buches habe ich vor fünf Jahren eine Reihe Fragen aufgelistet, die mir damals als Baseballneuling recht spannend vorkamen (etwa im Sinne von „Wie kann man sich erklären, dass Basketball-Legende Michael Jordan seine überaus erfolgreiche NBA-Karriere für fast zwei Jahre unterbrach, um in der dritten Liga Baseball zu spielen?"*) und die ich hoffentlich in den anschließenden Kapiteln einigermaßen zufriedenstellend beantworten konnte. Seitdem habe ich festgestellt, dass es sich mit Baseball nicht anders verhält als mit praktisch jedem Themengebiet, für dass man sich interessiert: Die Fragen werden andere, aber sie werden nicht weniger, wenn man sich ein wenig eingearbeitet hat.

Dieser Abschnitt behandelt einige dieser Fragen, wie zum Beispiel: Wo sollte man am besten sitzen, um sich ein Spiel live anzuschauen, und ist es tatsächlich so, dass die teuersten Plätze im Stadion die beste Sicht ermöglichen? Woran kann man als Zuschauer erkennen, welche Art Pitch ein Pitcher wirft? Was bedeuten Ausdrücke wie „Live Ball", „Hanging Pitch" und viele andere mehr, die man häufig in den Radio- oder Fernseh-Übertragungen hört, aber nie erklärt bekommt? Passiert eigentlich irgend etwas in den langen Pausen zwischen den Pitches, oder könnte man so ein Spiel nicht auch viel schneller abwickeln?

Oder: Wie kommt es, dass, obwohl es ausgeklügelte Regelungen gibt, um die Liga möglichst ausgeglichen zu halten, manche Teams praktisch nie über einen Status als Punktlieferant heraus kommen, während andere unter den gleichen Voraussetzungen regelmäßig um die vorderen Plätze mitspielen? Warum bekommt manch älterer Spieler deutlich besser dotierte Verträge angeboten, als seine jüngeren Kollegen mit vergleichbaren Leistungsstatistiken? Was machen die vielen vielen Clubangestellten den ganzen Tag, und

---

* Es war der Traum von Jordans Vater, dass sein Sohn ein Baseballspieler wird. Nach dem Tod des Vaters, der 1993 ermordet wurde, widmete Jordan sich diesem Wunsch und wechselte von den Chicago Bulls zu den Chicago White Sox. Dort spielte er allerdings nicht in der Major League, sondern wurde zu einem unterklassigen Klub, den Birmingham Barons, abgestellt, wo er – jenseits seiner Rolle als Kassenmagnet – nur mäßig erfolgreich war. Anfang 1995 gab er das Unterfangen auf, kehrte in die NBA zurück, und gewann in der Folge die drei letzten seiner insgesamt sechs Meistertitel.

muss es wirklich für jeden Aspekt des Spieles einen eigenen Coach geben?
Eine andere Frage, die ich mir häufig stelle, wenn in einem Film oder einer TV-Serie eine Baseball-Referenz vorkommt, ist die, wie sich das Ganze in der deutschen Synchronfassung anhören wird*.
Bevor wir an die Abhandlung dieser und ähnlicher Punkte gehen, sei noch einmal daran erinnert, dass hier eine gute Gelegenheit wäre, das Buch wegzulegen. Die Informationen auf den folgenden 50 Seiten sind (anders als die auf den ersten 90 Seiten!) nicht lebensnotwendig. Ich hoffe aber, dass sie trotzdem recht interessant sind.

* Die Antwort hierauf ist im Allgemeinen „Schauderhaft" oder „Völlig sinnfrei", wie ich zumindest in einigen Fällen die Gelegenheit hatte herauszufinden

- 22 -

Seit ich in den USA lebe, habe ich gelegentlich das Vergnügen, Gäste aus Deutschland und anderen Ländern zu haben, die sich natürlich während ihres Aufenthaltes ein paar typisch amerikanische Sehenswürdigkeiten und Sitten anschauen wollen. Das heißt, wir machen einen Roadtrip, fahren in mindestens einen Nationalpark und in eine Großstadt. Ich bestehe außerdem immer noch auf mindestens einem Stadionbesuch, jedenfalls dann, wenn ich auch nur eine Spur von Sportinteresse bei meinem Gast vermute. Dabei spielen, wie ich beschämt gestehen muss, auch eigennützige Motive eine Rolle. Nicht nur genieße ich es (wie dieses Buch beweist), Leute mit meinen Ausführungen zu den vermeintlichen Reizen amerikanischer Sportarten zu langweilen. Ich finde es auch wesentlich entspannter und interessanter einen Abend beim Baseball zu verbringen, als tagelang mit 60 Meilen pro Stunde durch die dann doch nicht allzu aufregende Landschaft zu zuckeln. Zum Beispiel ist man von Milwaukee aus nach gut zwei Autobahn-Stunden (ohne Stau) in Chicago, wo man sich diverse Wolkenkratzer, Museen und Jazz-Bars anschauen kann. Die Niagarafälle, welche, wie ein nicht ganz ungerechtfertigtes Vorurteil besagt, jeder Deutsche gesehen haben will, sind zwar mit rund 1000 Kilometern etwas weiter entfernt, dürfen aber den örtlichen Maßstäben zufolge immer noch als relativ günstig gelegenes Ausflugsziel gelten. Ich war inzwischen drei Mal dort, und es sieht eigentlich immer gleich aus: Das Wasser stürzt in die Tiefe, es rauscht, es ist nass, Touristen machen Fotos.

Bei einem Spiel im Miller Park, den man übrigens selbst mit dem öffentlichen Nahverkehr in wenigen Minuten erreichen kann, spart man hingegen nicht nur eine Menge Zeit, sondern man weiß auch vorher noch nicht, wie es ausgeht. Für Unterhaltung ist also gesorgt. Obwohl, wie schon erwähnt, Baseballspiele sehr gut vor dem Fernseher verfolgt werden können, ist es doch sehr zu empfehlen, sich zumindest einmal ein Spiel live im Stadion anzuschauen. Die Atmosphäre allein ist natürlich schon einen Besuch wert, aber es gibt auch Dinge zu entdecken, die man im Fernsehen nicht mitbekommt.

Je nachdem, was man gern mitbekommen möchte, sollte man seinen Sitzplatz auswählen. Die besten, im Sinne von teuersten, Plätze sind – abgesehen von den Logen – nahe am Infield. Mit zunehmendem Abstand zur Homeplate werden die Preise günstiger, aber die Sichtverhältnisse nicht unbedingt schlechter. Wenn man einen dreistelligen (im neuen Yankee Stadium entsprechend vierstelligen) Betrag ausgeben möchte, darf man wenige Meter hinter dem Catcher Platz nehmen und sich das Spielgeschehen aus Nahdistanz anschauen. Wenn man das Glück hat, in der ersten Reihe zu sitzen, stört dabei wahrscheinlich wirklich nur das Fangnetz („screen“) das hinter der Homeplate aufgespannt ist um die Zuschauer vor unverhofft abgefälschten Bällen und abgebrochenen Schlägertrümmern zu schützen. Der Umpire steht auch ein wenig in der Sichtlinie, so dass man die Details einzelner Pitches dann vielleicht doch nicht immer erkennen kann. Was man aber sicher sehr gut verfolgen kann ist das Geschehen um das Infield herum; die Verständigung per Handzeichen zwischen Manager, Coaches und Spielern, die Unterhaltungen zwischen Teamkollegen und Schiedsrichtern und die kritischen Feinheiten bei knappen Spielzügen. Auch kann man die Gesichter der Akteure erkennen und – dieses scheint bisweilen der wichtigste Aspekt zu sein – man kann sich sicher sein, dass auch das eigene Gesicht im Fernsehen gut zu erkennen ist, denn die Kamera ist ja die meiste Zeit auf die Homeplate und deren Hintergrund ausgerichtet.

Ein wenig preisgünstiger werden die Sitze entlang der Foul-Linien. Von dort kann man zwar nur noch einen der beiden Dugouts beobachten, hat aber dafür unter Umständen kein Netz mehr vor Augen und auch der Schiedsrichter blockiert die Sicht nicht zu sehr. Ohne Netz steigen auch die Chancen, dass ein Foulball des Weges kommt. Ein solcher ist sicherlich immer gern gesehen, wenn es einem denn gelingt seiner habhaft zu werden. Auch hierfür sitzt man am besten wieder in der ersten Reihe. Von dort kann man leicht nach heranrollenden Bällen reichen oder bequemerweise bei Gelegenheit den Balljungen nach einem solchen fragen. Sitzt man hingegen nicht in der ersten Reihe, stellt sich die Angelegenheit gleich weniger freundlich dar. Heranfliegende Bälle sind nun eher eine Gefahrenquelle, weil sich viele Hände (mehr oder weniger rücksichtsvoll) danach ausstrecken und vor allem, weil man sie möglicherweise gar nicht rechtzeitig kommen sieht. Die Sicht aufs Spielfeld, beziehungsweise auf den interessanten Teil des Spielfeldes, wo das at-bat stattfindet, ist durch die vor und neben einem sitzenden Zuschauer so stark eingeschränkt, dass man sich

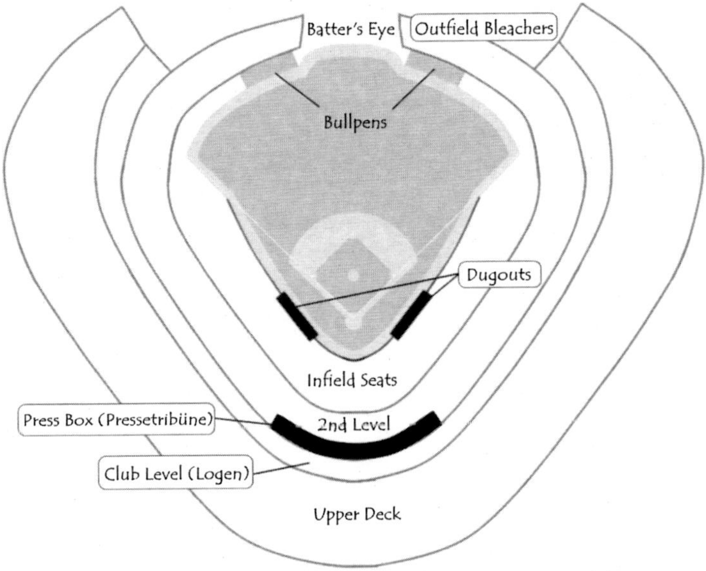

Typische Tribünenanordnung in einem Ballpark. Unterschiede gibt es in Details, wie etwa der Platzierung der Bullpens.

lieber auf die Videowand konzentriert, um etwas vom Spielgeschehen zu erfassen. Als ich mir einmal eine 50-Dollar-Karte für ein Brewers-Spiel gegönnt hatte, fand ich mich auf einem Platz in der dritten Reihe auf Höhe der 3rd Base wieder. Da die Tribüne so nah am Spielfeld kaum nennenswert ansteigt, blickte ich im Wesentlichen meinen Vorderleuten direkt auf die Hinterköpfe. Um Homeplate zu sehen musste ich meinen Kopf so weit nach rechts drehen, dass ich nun meinem Sitznachbarn nicht nur auf den Hinterkopf sondern auch auf sein breites Kreuz schaute, denn dieser hatte statt seines Kopfes lieber gleich seinen ganzen Oberkörper in die entsprechende Blickrichtung gewandt. Nach ein paar Innings wurde es mir zu albern für 50 Dollar auf einen nicht wirklich attraktiven fremden Rücken zu starren und ich zog mich auf einen etwas weiter abgelegenen (und damit billigeren) Platz in Höhe des Outfields zurück. Von dort konnte man endlich was sehen, allerdings nur für kurze Zeit, denn ein wachsamer Ordner kam sogleich herbei, um mich von dort zu vertreiben. Meine Ausflüchte und mein Ticket wollte er nicht gelten lassen und er bat

mich auf meinen ursprünglichen Platz zurück zu kehren. Vielleicht hatte er ja Angst, dass ein zahlungswilliger Kunde plötzlich erkennt, dass es bessere Plätze für weniger Geld gibt.
Genau das wusste ich allerdings schon vorher, und so entschied ich mich meine Lieblingstribüne aufzusuchen, die ebenfalls hinter der Homeplate ist, wenn auch im vierten Oberdeck. Von dort kann man tatsächlich das gesamte Spielfeld überblicken, man hat einen unverstellbaren Blick auf die Anzeigetafel und der Neigungswinkel ist steil genug, um auch die Vorderleute nicht zu formatfüllend ins Bild wachsen zu lassen. Das Fangnetz ist auch nicht mehr im Weg (man schaut oben drüber), aber um gefährliche Flugkörper muss man sich trotzdem keine Sorgen machen. Der große Abstand zum Spielfeld macht es so unwahrscheinlich einen Foulball auch nur von Nahem zu sehen, dass Kinder, die hoffnungsfroh ihren Fanghandschuh zum Spiel hierher mitgebracht haben, darob gern von ihren lebenserfahreneren Altersgenossen gehänselt werden.
Um einen Ball zu fangen, sitzt man am besten in den unteren Etagen, entlang der Foul-Linien. Auf den Outfield-Tribünen kommt ebenfalls immer mal ein Ball runter, wobei es dazu schon einen Homerun braucht. Solch einen Ball hebt man sich aber natürlich besonders gern auf, da er, anders als irgendein Foulball, sozusagen Teil der Sportgeschichte ist. Man wird immer sagen können, wenn man Gästen seine Vitrine zeigt: „Das ist der Ball von Prince Fielders 2-Run-Homerun gegen Pittsburgh am 23. September 2008" und die Leute wissen Bescheid. Je signifikanter der Homerun, umso wertvoller ist der Ball dazu. Will man zum Beispiel sagen: „Dies ist der Ball von Mark McGwires 70sten Homerun der Saison 1998*", kostet das erst einmal 3 Millionen Dollar. Zumindest ist das der Preis, den die Person bezahlt hat, die momentan im Besitz dieses Balles ist. Ein anderer Weg, einen Ball, der im Spiel war, zu bekommen, ist, ihn sich von einem Feldspieler zuwerfen zu lassen, nachdem dieser ihn für das letzte Out eines Innings gefangen hat. Das funktioniert ebenfalls von den Sitzen entlang des Outfieldes am besten, denn im Outfield passieren die meisten Fly-outs. Manche Spieler sind so hilfsbereit, wenn sie von den Fans um einen solchen Ball gebeten werden, dass es schon

* McGwire von den St. Louis Cardinals stellte damit einen neuen Rekord für die meisten Homeruns in einer Saison auf. Da er, wie sich Jahre später erwies, dabei gedopt hatte, ist der Wert dieser Leistung nicht unumstritten.

vorgekommen ist, dass ein Outfielder sich verzählt und den Ball bereits nach dem zweiten Out auf die Tribüne geworfen hat. Das ist natürlich sehr ungeschickt, weil es den gegnerischen Baserunnern – so es denn welche gibt – erlaubt unbehelligt die Bases zu umrunden und für ihre Mannschaft zu punkten.
Souvenirs in Form von Bällen sind auch ein guter Grund, um etwas zeitiger ins Stadion zu gehen. Vor dem eigentlichen Spiel findet das Aufwärmen statt und die Feldspieler nehmen ein paar Übungsschwünge („batting practice"). Dabei landen nicht nur etliche Bälle in den Sitzreihen, sondern man muss sich um diese auch nicht mit vielen anderen Fans streiten, denn die meisten sind ja noch am Grillen auf dem Parkplatz. Direkt im Fluge fängt man so einen Ball übrigens am besten nur, wenn man einen Handschuh dabei hat. Wenn man bei der batting practice doch leer ausgeht, kann man in vielen Ballparks auch mal am Bullpen vorbei gehen, wo sich die Pitcher warm machen. Die haben in der Regel auch einen Vorrat an leicht gebrauchten Bällen dabei, von denen sie gern

Blick von der Leftfield Tribüne des PNC Parks auf Downtown Pittsburgh welche abgeben. Ist nicht viel Andrang, kann man sich den Ball auch gleich noch signieren lassen*.

Während des Spiels würde ich allerdings nicht gern hinter dem Bullpen oder dem Outfield-Zaun sitzen. Dort ist man doch sehr weit weg vom Geschehen um die Homeplate herum, und der Überblick über das Spielfeld ist nicht wirklich gut. Auch deswegen sind die Zuschauertribünen hinter dem Outfield in vielen Ballparks nicht sonderlich geräumig (hinter dem Center Field gibt es gar keine Plätze weil sich dort das „batters eye", eine einfarbige Fläche als Hintergrund für den Pitcher vom Batter aus gesehen, befindet), und die Karten für die vorhandenen Sitze sind normalerweise die preisgünstigsten im weiten Rund**. An einem Tag mit geringem Zuschaueranlrang - bei erfolglosen Teams gegen Ende der Saison also praktisch an jedem Spieltag - mag es eine gute Strategie sein, mit so einem Ticket günstig ins Stadion zu kommen und anschließend als Stehplatzkunde die weitläufigen Räumlichkeiten zu durchstreifen.

Ein weiterer Vorteil, sich das Spiel von den billigen Sitzen aus anzusehen, verdankt sich der Tatsache, dass sich die meisten ökonomisch denkenden Fans ihre Verpflegung in großen Taschen selbst mitbringen. Dass beim Baseball viel gegessen wird, hatte ich ja schon erwähnt. Dieses Ritual verlangt nun von den gut betuchten Zuschauern in den teuren Stadionblöcken, dass sie regelmäßig zum Würstchen-, Popcorn- oder Bier-Stand pilgern, beziehungsweise von dort zurückkehren. In Ausnahmefällen sind diese Leute schlank und behende genug, um sich an ihren sitzenden Nachbarn vorbei zu schieben, aber in der Regel steht bei diesen Gelegenheiten die gesamte Sitzreihe auf, um Platz zu machen. Wenn man nun also etwa fünf Reihen vor sich hat, die jeweils mit 10 Leuten besetzt sind, von denen jeder nur einmal pro

* Um Verwirrung wegen Unleserlichkeit vorzubeugen, sollte man sich bei dieser Gelegenheit die Rückennummer des entsprechenden Spielers merken, so dass man im Zweifelsfall anschliessend nachschauen kann, wessen Fan man nun eigentlich ist.

** Eine Ausnahme stellt hier mal wieder Bostons Fenway-Park dar, wo es in den „Monster Seats" die begehrtesten Sitzplätze im Baseballsport gibt. Direkt auf der Krone der „Green Monster" left-field Wand wurden im Jahr 2003 insgesamt 247 Sitzplätze installiert, für welche das Recht eine Karte zu kaufen per Losverfahren vergeben wird. Fußballfans kennen das Prinzip von Welt- und Europameisterschaften.

Spiel seinen Platz verlässt (und zurück kommt), kann man sich ausrechnen, dass im Schnitt mindestens zehnmal pro Inning jemand vor einem aufsteht und die Sicht aufs Feld verdeckt. Traditionell gibt es da übrigens gewisse Höflichkeitsregeln, die besagen, dass man mit dem Verlassen des Platzes oder dem Zurückkehren wartet, bis es eine Pause gibt. Wenn man seinen Hunger beziehungsweise seinen Harndrang also einigermaßen unter Kontrolle hat, kann man sich hier als rücksichtsvoller Gast erweisen, zumal Pausen ja sehr häufig vorkommen, und das Warten damit nicht zu unerträglich werden sollte.

Das Mitbringen von Speis und Trank ist für einen europäischen Fußballfan natürlich am Anfang eine befremdliche Idee. Wenn man Samstagnachmittags mit einer Aldi-Tüte voller Konservendosen, Knabbergebäck und Brauseflaschen vor einem Bundesligastadion auftaucht und Einlass begehrt, wird man ja bestenfalls herzlich ausgelacht. In einem MLB Ballpark wird man nach einem kurzen Blick ins Gepäck freundlich durchgewunken*. Diese Nachsicht setzt sich bei den meisten Ordnern fort, denen es im Normalfall ziemlich egal ist, ob man sich auf seinem ausgewiesenen Sitz niederlässt oder anderswo. Im Bereich der teuren Plätze ist man da etwas penibler, wie oben beschrieben, aber auf den höheren Tribünenrängen kann man sich praktisch frei bewegen und verschiedene Blickwinkel ausprobieren, vorausgesetzt natürlich es sind Sitze frei. Es spielt daher auch keine besondere Rolle, für welchen Sektor man nun genau Karten bekommt, was man im Hinterkopf behalten sollte, falls man sich welche kurzentschlossen bei den Schwarzmarkthändlern vor dem Stadion kaufen möchte.

* Nur Alkohol darf man nicht mitbringen denn dafür hat der Stadionbetreiber ja extra eine Schanklizenz sowie zahlreiche mobile Bierverkäufer mit Bauchläden am Start.

Wie vertreibt man sich nun am besten die Zeit, angenommen man ist tatsächlich wegen des Spiels hier? Die Feinheiten des Pitchings kann man aus der Entfernung leider nur schlecht beobachten und muss sich daher, was Strikes und Balls angelangt, auf die Handzeichen des Umpires beziehungsweise die Anzeige auf dem Scoreboard verlassen. Dort kann man mit einiger Gewöhnung auch schnell einige andere Informationen abrufen, die einem bei Fernsehübertragungen ans Herz gewachsen sind, wie zum Beispiel den Pitch-count, die Geschwindigkeit des letzten Pitches und die bisherige Leistungsstatistik von Batter und Pitcher. Inzwischen ist es in MLB Ballparks auch Standard, dass Zeitlupenwiederholungen von interessanten Spielzügen eingeblendet werden, natürlich nur, wenn diese von erbaulicher Natur für das Heimpublikum waren.
Das Spiel ohne Ball sieht man im Stadion besser als im Fernsehen. Anhand der Positionierung der defensiven Feldspieler lässt sich einiges über die Pitching-Strategie und/oder das Können der beteiligten Akteure erraten. Die Zeit zwischen den Pitches, die einem am Anfang wahrscheinlich unnötig lang erscheint, wird für die Planung des nächsten Spielzuges gebraucht. Wenn bereits jemand „on base" ist, also ein Spieler der Offensive zum Läufer geworden ist, gibt es allerhand taktische Maßnahmen, die der Manager nun an seine Spieler weiter gibt. So sieht man in diesen Situationen oft, wie der Catcher sich ratsuchend nach dem Dugout umblickt, von wo der Manager dann geheimnisvoll gestikulierend nach einem speziellen Spielzug verlangt. Wenn er zum Beispiel der Meinung ist, dass der Läufer versuchen wird eine Base „zu stehlen", wird er den Pitcher auffordern, mal überraschend einen Ball dort hinzuwerfen, um den Mann von dieser Idee abzubringen. Der Manager mag auch eine Vorahnung haben, was die Absichten seines Gegenübers betrifft. Glaubt er etwa, dass mit einem „hit and run" zu rechnen ist – bei diesem Spielzug versucht der Schlagmann auf Teufel-komm-raus seinen Schläger in Kontakt mit dem Ball zu bekommen, während sein Mannschaftskollege gleichzeitig zur nächsten Base sprintet* – kann er einen „Pitchout" anfordern, bei

* Das Kalkül der Offensivmannschaft ist hierbei, dass dem Batter entweder ein base hit gelingt (Da der Läufer auf dem Weg von der ersten zur zweiten Base ist, muss ein Feldspieler dort hinlaufen, um ihn gegebenenfalls

dem der Ball so weit an der Strikezone vorbei geworfen wird, dass der Hitter ihn nicht erreichen kann und der Catcher eventuell sogar den Runner auswerfen kann.

Auch in Spielsituationen ohne Baserunner ist die sachgerechte Verteidigungsarbeit durchaus nicht trivial. Für jeden Gegenspieler gibt es eine maßgeschneiderte Taktik, die man sich im Laufe vieler Filmstudien, Mannschaftsbesprechungen und Berichten von Spielbeobachtern erarbeitet hat. Manchmal, wenn ein Schlagmann eingewechselt ist, der als relativ unbeschriebenes Blatt gilt, kann man sehen, wie der Pitching Coach eine Auszeit nimmt, zum Pitcher's Mound eilt, um mit Pitcher, Catcher und gelegentlich auch ein paar Feldspielern die Köpfe zusammen zu stecken. Dabei hält er sich zum Schutz gegen Lippenleser die Hand vor den Mund, was die ganze Szene ein wenig an tuschelnde Schulmädchen auf dem Pausenhof erinnern lässt. Der Batter weiß natürlich, dass da über ihn gesprochen wird, muss aber nicht weiter nervös werden. Die Tatsache, dass man der Konkurrenz Rätsel aufgibt, ist durchaus ein erheblicher Vorteil. Nicht bei jedem Batter gibt es natürlich solch eine Konferenz - da hätte schon der Schiedsrichter was dagegen - aber ein wenig Geheimniskrämerei gibt es immer. Wenn sich der Batter in der Batter's Box aufgestellt hat, gibt nicht nur der Catcher seine verstohlenen Fingerzeige an den Pitcher weiter, die dieser dann früher oder später abnickt, es verschieben sich auch die Feldspieler in Erwartung des geschlagenen Balles. Mit einer optimalen Positionierung kann man die Lücken in der Abwehr strategisch verkleinern, wobei sich anderswo natürlich größere Lücken auftun. Es hilft also, zu wissen welche Richtung der geschlagene Ball vermutlich nehmen wird.

Dabei kommt es auf den Batter an - dessen Schlagtechnik und Pitchauswahl ist in etwa bekannt - aber auch auf den Pitch, auf den sich das Gespann aus Catcher und Pitcher in der aktuellen Situation geeinigt hat. Ein Pitch, der spät in der Schwungbewegung

---

abzuschlagen, was wiederum der Raumaufteilung und damit der Effektivität der Verteidigung abträglich ist), oder dass der Batter zwar ein Out macht, aber der Runner wenigstens eine Base weiter ist (Die Gefahr eines double plays ist dabei vergleichsweise gering, weil der Runner so zeitig startet). Im Fall, dass der Batter einen Foulball schlägt, passiert erstmal nichts Nachteiliges (Nur der Runner muss wieder zur first Base zurück).

getroffen wird, landet eher auf der Seite des Feldes, von der der Batter schlägt. Das Bat beschreibt ja ein Art Kreisbogen, wenn es geschwungen wird. Am Anfang dieser Bewegung zeigt das Bat also eher nach hinten und ein getroffener Ball prallt demnach eher zur Seite ab („hit the other way"). Ein paar Sekundenbruchteile später im Schwung, wenn das Bat parallel zur Vorderkante der Homeplate zeigt, würde der Ball also in Richtung center field reflektiert. Gegen Ende das Schwunges kommt der Schläger soweit herum, dass er schließlich in Richtung Spielfeld zeigt. Trifft man den Ball in dieser Phase („pull the ball"), fliegt dieser zur anderen Seite. In diesem Teil des Schwunges hat das Bat die höchste Geschwindigkeit. Wenn man vor hat, einen Homerun zu schlagen, ist diese Phase wahrscheinlich am besten geeignet. Linkshänder, die also in der rechten Batter's Box stehen, haben die größte Power in Richtung right field. Umgekehrt schießen Rechtshänder häufiger ins left field. Wie kann der Pitcher also verhindern, dass jemand einen Homerun schlägt? Die beste Chance besteht darin, den Ball hart und in den dem Batter abgewandten Bereich der Strikezone zu werfen. Je schneller der Pitch ist, umso weniger Zeit bleibt dem Batter zum Durchschwingen. Wenn der Pitch dann auch noch auf der entfernten Seite vorbei kommt, wird es noch schwieriger ihn in der optimalen Phase der Schwungbewegung zu erwischen. Wissen die Feldspieler, dass ein „Fastball outside" ansteht, können Sie sich darauf einstellen, den entsprechenden Teil des Infields abzusichern, so dass der geschlagene Ball schnell aufgenommen und der Batter ausgeworfen werden kann. Das jedenfalls ist die grundsätzliche Idee. Wenn der Pitcher allerdings den anvisiertenPunkt nicht trifft, kann der Schuss auch nach hinten losgehen, beziehungsweise in diesem Fall nach der anderen Seite des Spielfeldes.
Wenn der Batter raten kann, was für ein Pitch als nächstes kommt, stellt er sich darauf ein. Deswegen dürfen sich die Abwehrspieler nicht zu voreilig bewegen und der Pitcher muss auch mal was anderes werfen als Fastballs outside. Wenn er das nicht tut, lehnt sich der Batter früher oder später soweit über die Strikezone, dass er die entfernte Ecke bequem mit seinem Bat erreichen kann. Dann macht ihm dieser Pitch keine Probleme mehr, was dem Pitcher natürlich gar nicht Recht sein kann. Es hat sich deshalb eingebürgert, dass gelegentlich auch mal ein Fastball „high and tight" (in die obere, dem Batter zugewandte Ecke der Strikezone) eingestreut wird, was soviel bedeutet wie „Bitte lehnen Sie sich

nicht zu sehr über die Homeplate!" Wenn er ganz sicher sein will, dass die Nachricht ankommt, wirft der Pitcher direkt den Batter ab. Das hilft ihm zwar bei diesem at-bat nicht mehr (Hit by Pitch sendet den getroffenen Spieler zur 1st Base), aber es ist sehr wahrscheinlich, dass der Batter den Körpertreffer noch spürt, wenn er ein paar Minuten später das nächste Mal an der Reihe ist und dass er sich dann deshalb nicht mehr gar zu keck noch vorne neigt. Ein anderes effektives Mittel ist das Werfen von „breaking balls", also Pitches, deren Flugbahn einen Bruch oder Knick hat. Ein solcher Pitch verlangt eine bestimmte Fingerhaltung und Schnapp-Bewegung aus dem Handgelenk, um den erforderlichen Drall zu erzeugen. Dieses macht derartige Würfe recht anstrengend für den Pitcher. Zudem ist es auch besonders schwierig die komplexen Bewegungsabläufe in gleichbleibender Qualität abzuwickeln, weswegen viele Pitcher Probleme haben, mit ihrem „breaking stuff" zuverlässig die Strikezone zu treffen. Wenn man nicht unbedingt einen Strike braucht, wenn also zum Beispiel der Batter schon mit 2 Strikes und 0 Balls „hinten liegt", kann so ein Curveball aber sehr effektiv sein. Für den Batter ist es in dieser Situation zu riskant, den Pitch einfach vorbei gehen zu lassen, vor allem, wenn es zunächst so aussieht, als käme er durch die Strikezone. Er wird also schwingen und - wenn der Plan des Pitchers aufgeht - nichts als Luft treffen, da der Ball im letzten Moment von seiner Flugbahn abgebogen ist. Bei einem Rechtshänder als Pitcher fliegt der Ball immer eine Linkskurve; ihm einen entgegengesetzten Drall mitzugeben ist aus anatomischen Gründen praktisch unmöglich*. Ein rechtshändiger Batter, der einen Curveball von einem rechtshändigen Pitcher schlagen soll, sieht sich mit dem Problem konfrontiert, dass der Ball, wenn er näher kommt, nach außen abbiegt, also gerade dorthin, wo man ihn so schlecht schlagen kann. Für einen Linkshänder als Batter sieht der gleiche Pitch wesentlich attraktiver aus; die Kurve, die der Ball beschreibt, ist zumindest halbwegs identisch mit der Kurve, in der das Bat geschwungen

* Selbst viele Fastballs haben keine exakt geradlinige Flugbahn, und es gibt entsprechend viele Bezeichnungen für Pitches, die mehr oder weniger stark „brechen". So gibt es neben den gewöhnlichen „4-seam fastballs" auch „cut fastballs" und „sinking fastballs". Neben dem „Curveball" sieht man oft auch den „Slider", welcher eine etwas höhere Geschwindigkeit hat und daher nicht ganz so abrupt die Richtung wechselt.

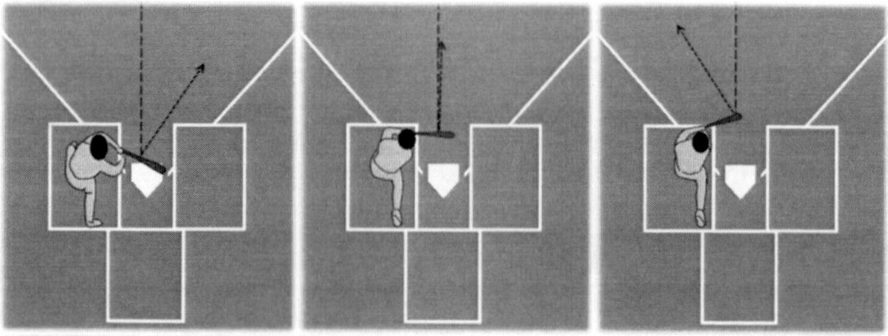

Platzierung und Geschwindigkeit eines Pitches bestimmen, in welche Richtung der Batter ihn schlagen kann.

wird. Linkshänder haben tatsächlich im Durchschnitt bessere Hit-Statistiken als Rechtshänder, was natürlich nur dadurch möglich ist, dass es mehr rechts- als linkshändige Pitcher gibt*.

Zusätzlich zu Fastballs und breaking balls, kann der Catcher auch immer mal einen „Changeup“ anfordern. Das ist in gewisser Weise ein Bluff-Pitch, der für den Batter genauso aussieht wie ein Fastball, was Wurfbewegung und Flugbahn anbetrifft, aber viel langsamer unterwegs ist. Seine Wirkung entfaltet dieser Pitch, indem der Ball erst gegen Ende der Schwungbewegung getroffen wird. Als Verteidiger stellt man sich dementsprechend am besten so auf, dass man Bälle erreicht, die nach rechts (bei rechtshändigen Battern) geschlagen werden.

Für den Zuschauer im Stadion ist es also möglich, auch aus großer Entfernung zu beurteilen, ob der Pitcher einen guten Tag hat. Wenn Batter ständig Bälle in die Freiräume auf dem Feld schlagen, gibt es wahrscheinlich Probleme mit der Zielgenauigkeit. Früher oder später schlägt sich das sicherlich auch auf den Spielstand nieder, aber wenn wir nur daran interessiert wären, könnten wir ja auch einfach am nächsten Tag die Zeitung aufschlagen und müssten nicht ins Stadion gehen.

* Einige Spieler machen sich auch die Mühe, das Schlagen von beiden Seiten zu üben. Je nachdem, ob ein Rechts- oder Linkshänder pitcht, wechseln sie die Seite („switch hitter“). Das dafür erforderliche perfekte Beherrschen zweier verschiedener Bewegungsabläufe, erfordert spezielles Talent.

Die MLB Saison ist lang: von Anfang April bis Ende September wird praktisch jeden Tag gespielt, 30 Teams haben jeweils 162 Punktspiele zu absolvieren, was eine stattliche Gesamtzahl von 2430 Begegnungen erfordert*. Und dann beginnt die Post Season, also die K.O. Runde um die Meisterschaft, die mit der World Series Ende Oktober ihren Abschluss findet. Nun könnte man denken, dass die anschließende fünfmonatige spielfreie Zeit eine willkommene Pause ist, in welcher man als Fan endlich dazu kommt, die Aufgaben des täglichen Lebens anzugehen, die man die Sommermonate über zugunsten der Baseball-Leidenschaft zurückgestellt hatte: Joggen gehen, Post beantworten, Renovieren, Studieren, Arbeiten, mit der Ehefrau Museen und Theater besuchen, und dergleichen mehr.

Wenn man allerdings den Fehler gemacht hat, sich auch über das rein sportliche Geschehen hinaus für ein Team zu interessieren, wird man schnell feststellen, dass das Entertainment-Unternehmen MLB auch in der Nebensaison reichlichen Nachschub an wissenswerten Neuigkeiten produziert. Dann bestimmen Personalpolitik und Spielertransfers die Schlagzeilen. Das ist im Prinzip vergleichbar mit den entsprechenden Mechanismen im Fußball, steht aber oft unter anderen Vorzeichen und folgt damit einer anderen Logik. In der Bundesliga sind die gesetzten Saisonziele wohl in der Regel nicht nur ein Ausdruck des Wollens, sondern auch des Müssens. Das Jahresbudget eines Bundesligisten plant gewisse Einkünfte ein, die nur dann realisiert werden, wenn sich der anvisierte Erfolg einstellt, man sich also zum Beispiel für den Europäischen Wettbewerb qualifiziert. Für dieses Ziel werden teure Spieler verpflichtet, die im Fall, dass das Ziel verfehlt wird, plötzlich zu teuer sein und den ganzen Verein in eine finanzielle Schieflage bringen können. Ebenso passiert es ja häufig, dass Clubs, die absteigen – was sicher nie das Saisonziel war – sich in den Folgejahren mit einer Kettenreaktion aus sinkenden Einkünften,

* Jemand der sich all diese Spiele ansehen möchte, wäre bei einer geschätzten mittleren Dauer von 3 Stunden pro Spiel also schon gut 300 Tage im Jahr rund um die Uhr beschäftigt. Im Vergleich dazu könnte man sich die Aufzeichnungen der 306 jährlichen Bundesligaspiele übrigens bequem in einem dreiwöchigen Urlaub zu Gemüte führen.

überhöhten Spielergehältern und mangelnder Konkurrenzfähigkeit herumschlagen müssen. Wenn Erfolglosigkeit derartig arge Konsequenzen hat, verwundert es auch nicht, dass zum Beispiel hektische Trainerwechsel mitten in der Saison fast schon an der Tagesordnung sind.

Im Amerikanischen Profisport gibt es diese Denkweise so nicht. Da alle Teams einer Liga als Franchises organisiert, also Lizenznehmer des Mutterunternehmens sind, gibt es die Gefahr eines Abstiegs zum Saisonende nicht. Es ist zwar bei erheblichen wirtschaftlichen Schwierigkeiten denkbar, dass eine Lizenz entzogen wird, allerdings hat das auf den Spielbetrieb kaum Auswirkungen, denn in der Regel stehen die zahlungskräftigen Interessenten schon Schlange um eine eventuell zum Verkauf stehende Lizenz zu übernehmen*. Die meisten Franchises sind profitabel im Betrieb, und falls sie es nicht sind, ist das den oft steinreichen Eigentümern auch egal. Die sind natürlich vor allem am sportlichen Erfolg orientiert, also letzten Endes am Gewinn der Meisterschaft. Das ist aber, selbst wenn Geld keine Rolle spielt, nicht ganz einfach, denn die Liga-Organisation hat verschiedene Vorkehrungen getroffen, die der Ausgeglichenheit unter den teilnehmenden Teams dienen sollen. So gibt es zum Beispiel eine Obergrenze für die Spielergehälter, die jeder Verein pro Jahr bezahlen darf. In vielen Profi-Ligen wird das als „salary cap" bezeichnet. In der MLB gibt es statt dessen eine Luxus-Steuer, die einen ähnlichen Effekt hat: Teams, die eine jährlich festgelegte Summe an Spielergehältern überschreiten wollen, können das tun, werden aber für eine Strafabgabe von bis zu 50% dieses Mehrbetrages zur Kasse gebeten. Diese Regelung wurde im Jahr 2003 eingeführt und der erlaubte Betrag wurde über die Jahre von 117 Millionen Dollar (2003) auf 189 Millionen Dollar (2014) angepasst. Die Einkünfte aus dieser Strafsteuer werden übrigens nicht direkt an die anderen Vereine ausgeschüttet, sondern in die Rentenversicherung für Spieler, in Projekte zur Förderung des Baseballsports und in die Vermarktung

---

* Ein Beispiel dafür konnte man im Sommer 2011 erleben, als der Besitzer der MLB Franchise LA Dodgers, sieben Jahre nachdem er diese für 430 Millionen Dollar erworben hatte, Konkurs anmelden musste. Die Liga übernahm vorübergehend die Geschäfte des Clubs, der wenige Monate später für reichlich 2 Millarden Dollar an seine neuen Besitzer verkauft wurde.

der Liga investiert*. Ein weiterer Mechanismus ist der des „revenue sharing", also der gerechten Verteilung der Einnahmen. Jede Franchise zahlt einen festgelegten Prozentsatz des jährlichen Profits in einen gemeinsamen Topf, dessen Inhalt anschließend zu gleichen Teilen an alle beteiligten Teams ausgeschüttet wird. So bekommen Clubs, die sich in einem eher ungünstigen Umfeld behaupten müssen, sogenannte „small-market" Teams, einen Ausgleich für die vergleichsweise geringen Einnahmen aus Kartenverkäufen, Übertragungsrechten und Werbeeinnahmen.

Das alles sichert zwar den Bestand der einzelnen Mitglieder der Liga und trägt auch dazu bei, dass immer mal jemand anderes die Meisterschaft gewinnt. Trotzdem besteht natürlich ein Gefälle zwischen Teams, die fast 200 Millionen Dollar jährlich an Spielergehältern zahlen (wie die Yankees) und solchen, bei denen 60 Millionen genügen müssen (Oakland, San Diego). Während für Erstere das Saisonziel stets nur „Meisterschaft" heißen kann, streben andere nach kleineren Erfolgen. Das Erreichen der Playoffs ist sicherlich ein Ziel, mit dem die Fans der meisten Baseballmannschaften sofort einverstanden wären. Bei Clubs, die sich eher keine realistischen Hoffnungen darauf machen können, gilt es auch schon als Erfolg eine „winning season" also eine Spielzeit mit mehr Siegen als Niederlagen, zu verzeichnen. Das ist schwieriger als man vielleicht zunächst denkt, wie einem jeder Fan der Pittsburgh Pirates bestätigen wird. Anhänger dieses traditionsreichen Team konnten 2012 auf die Rekordzahl von 20 „losing seasons" in Folge zurück blicken.. In manchen Fällen gibt man daher auch das Ziel aus, eine bestimmte Zahl an Siegen einzufahren, etwa „mehr als im letzten Jahr" oder „mehr als 62" (um eine 100-Niederlagen-Saison zu verhindern).

Um als small-market Team konkurrenzfähig zu sein braucht es eine gute Jugend- beziehungsweise Nachwuchsarbeit und vor allem eine geschickte Transferpolitik. MLB Clubs werden oft als

---

* Nur wenige Teams überschreiten den Grenzwert tatsächlich und wenn dann oft nur geringfügig. Die Ausnahme bilden die New York Yankees, für welche die Extrakosten ein regelmäßiger Bilanzposten sind. Die Yankees tragen dann auch über 90% des gesamten Luxussteueraufkommens. Gleichzeitig sind sie der größte Befürworter dieser Regelung, da die Alternative eines strikten salary caps weitaus gravierendere Sanktionen mit sich bringen würde, wie etwa die Aberkennung von Meisterschaftstiteln.

Organisationen bezeichnet, was sich auf die Tatsache bezieht, dass es neben dem eigentlichen Erstliga-Team auch noch ein ganzes System an unterklassigen Mannschaften gibt, in denen die mehr oder weniger hoffnungsvollen Stars der Zukunft herangezogen werden. Dieser Unterbau wird gern auch als „Farm System“ bezeichnet, was - wenn man dabei etwa an eine Nutztierfarm denkt - vielleicht ein wenig unsentimental klingt, aber in gewisser Weise den Kern der Idee vermittelt. Weit über 200 Minor League Clubs gibt es, die über das ganze Land verteilt und die in verschiedene Klassen eingeteilt sind. Die höchste Spielklasse innerhalb dieses Systems ist Triple-A. Sie verhält sich in etwa zur den Major Leagues wie die zweite zur ersten Bundesliga. Organisiert in zwei Ligen, die Pacific Coast League und die International League, spielen hier 30 Mannschaften eine 144-Spiele Saison. Jeder dieser Clubs ist vertraglich an einen MLB Club gebunden, mit welchem dann auch oft Spieler ausgetauscht werden. Unterhalb von Triple-A gibt es Double-A, (Single-)A, A-Short Season und Rookie-Ligen in denen die Vereine ebenfalls jeweils einem Erstliga-Team zugeordnet sind. Wenn man nun beispielsweise bei den Boston Red Sox feststellt, dass ein neuer 2nd Baseman gebraucht wird, so wird man sich nicht nur auf dem Transfermarkt umschauen, sondern in erster Linie erwägen, welche jungen Talente man vielleicht im eigenen Farm-System hat. Dann ruft man den Manager von den Pawtucket Red Sox (der entsprechenden Triple-A Zweigstelle) an und beordert deren 2nd Baseman nach Boston. Das wird man natürlich nur tun, wenn der Mann als tauglich oder zumindest vielversprechend angesehen wird. Um dieses herauszufinden, werden Training und Spielstärke der möglichen Hoffnungsträger beständig evaluiert, was die Aufgabe zahlreicher Scouts und Nachwuchskoordinatoren ist. Auch für Fans und damit für Journalisten ist die Qualität eines Farmsystems von Interesse. Schließlich ist dieses von großer Bedeutung für die sportliche Zukunft des Erstligaklubs. Hingebungsvolle Anhänger von noch so jämmerlichen Teams* können in der Regel sehr überzeugend Optimismus verbreiten,

* Tatsächlich scheint das Interesse, das Baseballfans für die Scouting- und Front-office Politik ihres Lieblingsvereins aufbringen in dem Maße zuzunehmen, wie die Begeisterungsfähigkeit über die sportlichen Leistungen der aktuellen Mannschaft abnimmt.

wenn sie auf die heranwachsenden Talente („prospects“) im Nachwuchsbereich zu sprechen kommen: „Wenn der-und-der reif für die erste Mannschaft ist, wird alles besser“.
Oft sieht man die fraglichen Spieler dann aber doch nie in der Aufstellung, jedenfalls nicht in der vom eigenen Team. Einerseits kommt es immer wieder vor, dass die Leistungskurve dann doch nicht ganz so steil und beständig ansteigt wie erhofft und der Kandidat sich gar nicht erst für höhere Aufgaben qualifiziert. Zum Anderen werden Top-Prospects auch gern als Verhandlungsmasse benutzt, wenn es um Ablösepakete für Spielertransfers geht. Häufig passiert das so: Ein leidlich erfolgreiches Team, sagen wir: die 2008er Milwaukee Brewers, startet überraschend gut in die Saison und führt Ende Juni die Tabelle der Division an. Ein anderer, ähnlich mittelmäßiger Club, zum Beispiel die Cleveland Indians, hatte nicht so viel Glück und liegt schon weit abgeschlagen zurück. In der Chefetage der Brewers sieht man die Gelegenheit, zum ersten Mal seit 1982 wieder in die Playoffs zu kommen und mit ein paar personellen Verstärkungen vielleicht sogar den ersten Meistertitel der Vereinsgeschichte zu gewinnen. In Cleveland hingegen hat man die Saison schon abgeschrieben und sorgt sich um andere Dinge, zum Beispiel um die Vertragssituation des zum Saisonende ablösefreien Star-Pitchers CC Sabathia. Milwaukee hätte gute Verwendung für den Mann und so einigt man sich auf einen Vereinswechsel: Milwaukee übernimmt praktisch den laufenden Vertrag des Spielers und zahlt den ausstehenden Teil seines 11-Millionen-Dollar Jahresgehalts. Cleveland bekommt im Gegenzug vier der aussichtsreichsten Prospects aus dem Brewers Minor League System. So ein Transfer ist offenkundig im gegenseitigen Interesse. Das eine Team ergreift die seltene Gelegenheit hier und jetzt um den Titel zu spielen („win now“) und gibt dafür einen Teil der langfristigen Wachstumsstrategie auf. Das andere Team bringt die verlorene Saison mit reduzierten Gehaltskosten* über die Runden und investiert in den Neuaufbau. Auch für den Spieler hat sich der Wechsel gelohnt. Anstatt bei

* Der Leidensdruck einen überbezahlten Spieler von der Gehaltsliste zu bekommen, kann mitunter so groß sein, dass – wenn es keine Interessenten gibt – man dem abnehmenden Verein sogar einen Teil des ausstehenden Gehaltes überweist, um den Transfer schmackhafter zu machen.

seinem alten Verein praktisch unter Ausschluss der Öffentlichkeit noch ein paar unbedeutende Spiele zu absolvieren, kann er sich bei den Brewers von seiner besten Seite zeigen, führt die Mannschaft mit einer beeindruckenden Leistung tatsächlich in die Playoffs und unterschreibt nach dem Saisonende einen neuen Vertrag bei den Yankees, wo er in sieben Jahren 161 Millionen Dollar* verdient und damit der (momentan) bestbezahlte Pitcher der Liga wird.

Wie man sich vorstellen kann, ist das Verfolgen der Nachrichten zu derartig signifikanten Spielerverpflichtungen auch in der „Off Season", der spielfreien Zeit zwischen November und März, ein zeitaufwändiges Hobby. In diese Zeit fallen auch fast alle Änderungen in Trainerstab und Chefetage. Dass ein Trainer oder Geschäftsführer während der Saison entlassen wird ist außerordentlich selten. Der ohnehin nur kurzfristige Effekt, denman sich davon erhoffen könnte, spielt im Rahmen von 162 Spieltagen wohl keine Rolle, zumal man ja – wie erwähnt – keine Abstiegsängste haben muss. Spieler hingegen werden mitunter mit erstaunlicher Leichtigkeit abgegeben oder eingestellt. Das ist nicht nur innerhalb der eigenen Organisation der Fall, wo es schon mal vorkommt, dass ein Spieler innerhalb weniger Tage mehrmals befördert und wieder degradiert wird, sondern auch zwischen MLB Vereinen. Ich erinnere mich an ein recht aufregendes Heimspiel der Brewers ziemlich zeitig in der Saison 2008, das sie per Walk-off in Extra Innings gewannen. Nachdem ich mir die bei solchen Anlässen übliche Traube ausgelassen feiernder Spieler eine Weile angesehen hatte, schaltete ich zufrieden den Fernseher aus. Am nächsten Tag wunderte ich mich, dass Gabe Gross, der Spieler der am Abend zuvor den spielentscheidenden Run beigesteuert hatte, nicht in der Aufstellung war. Es stellte sich heraus, dass er mitten in der Nacht nach Tampa Bay verkauft worden war, wo er schon wenige Stunden später mit seinen neuen Team wieder auf dem Spielfeld stand. Anders als im Fußball sind derartig abrupte Wechsel relativ unproblematisch, auch weil die Eingespieltheit einer Mannschaft keine so große Bedeutung hat. Wie zum Beispiel ein Right Fielder seine Position spielt ist grundsätzlich in jedem Team gleich.

---

* Wenn man davon ausgeht, dass er in 35 Spielen pro Saison eingesetzt wird (Starting Pitcher spielen immer nur jeden fünften Tag) und im Schnitt 110 Pitches wirft, kommt man auf ein Gehalt von knapp 6000 Dollar pro Pitch.

Für die Erfolgsprognosen der jeweils anstehenden Saison, mit denen Fans die Wintermonate überbrücken, kommt es neben dem verfügbaren Budget auch auf die Zusammensetzung und Tiefe des Kaders an. Um mit einem gewöhnlichen Team die Playoffs zu erreichen, müssen mehrere positive Faktoren zusammenkommen. Die Kunst besteht darin, genügend Spieler im Kader zu haben, die gerade am Höhepunkt ihrer Leistungsfähigkeit, aber noch bezahlbar sind. Hierbei spielt eine Unzahl an Regelungen eine Rolle, die im Tarifvertrag zwischen der Liga und der Spielergewerkschaft festgeschrieben sind. Ein junger Spieler hat demnach nur sehr beschränkte Verhandlungsmöglichkeiten. In den ersten sechs Jahren seiner Dienstzeit darf er praktisch nur mit dem Club verhandeln, bei dem er angestellt ist, bevor er schliesslich – meistens so im Alter zwischen 25 und 30 – zum „Free Agent" wird, also ablösefrei einen neuen Arbeitgeber suchen darf. Diese Anfangsjahre braucht es tatsächlich oft, bevor sich die Klasse eines Spielers zeigt. Manche Ausnahmetalente aber werden schon viel schneller zum Leistungsträger, was natürlich für den Club, der diese noch für einige Jahre zum Mindestlohn, beziehungsweise einem vergleichsweise niedrigen Gehalt, beschäftigen kann, eine sehr günstige Konstellation ist:. In der Saison 2012 war der Mindestlohn mit 480 000 Dollar festgelegt. Ich persönlich wäre wahrscheinlich über so ein Jahresgehalt nicht allzu unglücklich; allerdings kann ich mir vorstellen, dass es für jemanden, der pro Jahr 50 Homeruns schlägt, eher eine frustrierende Summe ist. Die Motivation wird aber trotzdem nicht leiden, den der Spieler weiß ja, dass nach Vertragsende ein großer Zahltag ansteht. Prince Fielder, der die ersten Jahre seiner Karriere 1st Baseman für Milwaukee spielte, ist ein gutes Beispiel. Er debütierte in der Saison 2005, wurde ein Stammspieler im nächsten Jahr und entwickelte sich unverzüglich zu einem der gefährlichsten Hittern der Liga. Er hatte 28 Homeruns in 2006, weitere 50 in 2007 und 34 in 2008, dem Jahr in dem die Brewers die Playoffs erreichten. Sein Jahresgehalt in jener Saison war 670 000 Dollar. Er verbrachte drei weitere Spielzeiten in Milwaukee und wurde Ende 2011 im Alter von 27 Jahren endlich ein Free Agent. Kurze Zeit später unterschrieb er bei den Detroit Tigers einen 9-Jahres-Vertrag über 214 Millionen Dollar. Die Brewers konnten bei solchen Beträgen nicht mehr mitbieten, hatten aber zumindest das Beste aus der Zeit gemacht, in der sie einen Spieler von diesem Kaliber in ihren Reihen hatten. Mit Glück

und Geschick war es der Clubführung gelungen, um Fielder herum eine Kernmannschaft aus talentierten jungen Spielern zu versammeln, die dann mit passenden Zukäufen (etwa den des oben erwähnten CC Sabathias) im entscheidenden Moment verstärkt wurde. Mit dem Abgang von erst Sabathia und dann Fielder wurde dann aber auch klar, dass in nächster Zeit mit eher dürren* Jahren zu rechnen ist.
In Detroit schwang das Pendel indessen just in die andere Richtung: Hier konnte man sich auf eine Epoche sportlichen Erfolgs einstellen**. Für die Saison 2013 stehen neben Fielder zwei weitere Ausnahmespieler zur Verfügung: 3rd Baseman Miguel Cabrera, der noch drei Jahre (in denen er jeweils 22 Millionen Dollar verdient) unter Vertrag steht, und Pitcher Justin Verlander, dessen aktueller Vertrag (20 Millionen Jahresgehalt) in zwei Jahren ausläuft. Je nachdem wie erfolgreich man bis dahin ist, wird man diese Verträge anschließend möglicherweise nicht verlängern, sondern auf den Neuaufbau mit der nächsten Generation von Spielern setzen. Dass drei Spieler des 25-Mann-Kaders bereits Gehaltskosten von 65 Millionen Dollar im Jahr verursachen, wird man auf Dauer eher nicht hinnehmen, zumal die Herrschaften ja auch nicht jünger werden.
Bei einem Club, dessen Anhänger keine Übergangsjahre dulden und für dessen Besitzer Geld keine Rolle spielt, gilt natürlich eine etwas andere Logik. Nur so ist es beispielsweise zu erklären, dass die New York Yankees Ende 2007 dem damals 32jährigen Alex Rodriguez, ihrem Star-3rd Baseman, einen neuen 10-Jahres-Vertrag mit der bis heute unerreichten Rekord-Gage von 275 Millionen Dollar anboten. Bei wohl jedem anderen Verein wäre man mit Recht besorgt über die Aussicht, eines Tages einen hoffnungslos

---

* Dürre bezieht sich hier selbstverständlich auf die Punktausbeute und nicht etwa auf die Körperstatur von Fielder (275 Pfund) oder Sabathia (290 Pfund).

** 2012 war bereits eine außerordentlich erfolgreiche Saison. Die Tigers erreichten die World Series (die sie allerdings gegen San Francisco verloren), und verschiedene Spieler wurden mit individuellen Auszeichnungen geehrt. Herausragend dabei war Cabreras „Triple Crown“, eine sehr seltene Errungenschaft, für die man die gesamte Liga (AL oder NL) in jeder der drei wichtigsten Batting Statistiken anführen muss: Homeruns, Batting Average und RBI. Zum bis dahin letzten Mal war dies einem Spieler 1967 gelungen.

überbezahlten 42jährigen auf der Bank sitzen zu haben, der aller Wahrscheinlichkeit nach dem Team so gut wie gar nicht mehr helfen kann. Die Playoffs 2012 gaben schon einen kleinen Ausblick auf dieses Szenario, als Rodriguez wegen akutem Leistungsabfall in mehreren Spielen ausgewechselt und in einem Spiel gar nicht erst aufgestellt wurde. Wie diese Geschichte weitergeht, dürfte noch interessant werden.

Es ist natürlich möglich, dass auch ein Spieler über 40 noch auf höchstem Niveau produktiv und damit wertvoll für sein Team ist. Das kommt im Baseball sicherlich häufiger vor als im Fußball. Einen Verlust an Schnellkraft kann man auf vielen Positionen mit Erfahrung und Raffinesse kompensieren. Homeruns, zum Beispiel, kann man auch mit Arthrose in den Gelenken und 20 Kilo Übergewicht immer mal schlagen. Wenn man das als Designated Hitter (in der American League) tut, kommt man um die Beschwerlichkeiten des Feldspieles herum und kann seine aktive Laufbahn so um ein Weilchen verlängern. Manch Pitcher hat ebenfalls eine erstaunlich langlebige Karriere. Dazu muss es ihm nur gelingen, von Verletzungen verschont zu bleiben (was auf Grund der enormen Belastungen, die er regelmäßig seinem Arm aufbürdet, unwahrscheinlich ist), und er muss sein Repertoire so verfeinern, dass er trotz nachlassender Wurfgeschwindigkeit noch genug Outs gegen Major League Batter erreicht*. Ein ziemlich imponierendes Beispiel ist Jamie Moyer, der viele seiner größten Erfolge jenseits seines 40sten Geburtstages feiern konnte. Geboren im Jahr 1962, begann er seine MLB Karriere 1986 und spielte in den nächsten 20 Jahren unter anderem für die Chicago Cubs, Boston Red Sox und Seattle Mariners. Im Jahre 2003 wurde er erstmalig ins All-Star-Team gewählt, und 2008 gewann er mit den Philadelphia Phillies seinen ersten World Series Titel. Nach zwei weiteren erfolgreichen Jahren in Philadelphia musste er die Saison 2011

---

* „Knuckleball"-Pitcher haben in beiden Kategorien Vorteile. Dieser spezielle Pitch ist zwar sehr schwierig zu beherrschen, belastet aber den Wurfarm nicht sonderlich stark und hat bei korrekter Ausführung eine so unberechenbare Flugbahn, dass der Pitcher praktisch nichts anderes werfen muss und trotzdem effektiv bleibt. Nachdem Tim Wakefield von den Red Sox seine Karriere 2011 im Alter von 45 Jahren beendet hat, war R.A. Dickey (geboren 1974) von den New York Mets in der Saison 2012 der einzige verbleibende Knuckleballer in der MLB.

verletzungsbedingt aus sitzen, fand aber 2012 bei den Colorado Rockies eine neue Anstellung und verzeichnete dort im Alter von 49 Jahren seinen (vorerst) letzten Sieg in einem MLB Spiel. Er hält zahlreiche Altersrekorde, allerdings auch den Rekord für den mit 81 mph seinerzeit langsamsten Fastball in der Liga*. Damit lassen sich Hitter, die sonst Bälle mit bis zu 100 mph auf sich zu kommen sehen, nur schwerlich beeindrucken. Moyer's Erfolgsrezept liegt daher in der Zielgenauigkeit seiner Würfe und in der beständigen Erweiterung seines Pitch-Arsenals, das er mit großer Routine einsetzt. Obwohl nach der Saison 2012 vereinslos, hat er es bislang vermieden, sein Karriereende bekannt zu geben. Bis auf weiteres möchte man also die Möglichkeit nicht ausschließen, dass Jamie Moyer noch einmal auf die große Bühne zurück kehrt.

---

* Der ewige Rekordhalter in dieser Kategorie ist wohl Tim Wakefield, dessen selten eingesetzter Fastball Geschwindigkeiten von 75 mph nicht überschritt.

- 25 -

Sport wird häufig nachgesagt ein Spiegelbild der Gesellschaft abzugeben. Auch Baseballanhänger werden mitunter der Meinung Ausdruck verleihen, dass Baseball vieles davon repräsentiert was „gut ist an Amerika“:

- Das Spiel fördert den Familiensinn, wenn sich der Vater mit dem Sohn im Garten den Ball zu wirft oder die ganze Familie einen Sonntagnachmittag im Stadion verbringt.
- Baseball ist eine der ältesten Traditionen, die man in Amerika hat und daher identitätsstiftend. Die Geschichte des Landes spiegelt sich in der Geschichte des Sports wieder. Kriege, Krisen, wirtschaftlicher, beziehungsweise technischer Fortschritt und soziale Veränderungen haben auch im Baseball Spuren hinterlassen.
- Das Spiel legt Wert auf Chancengleichheit und fairen Wettstreit. Die Ergebnisse und Statistiken sind ehrlich und simpel.
- Baseball-Profis arbeiten hart, benehmen sich anständig und sind Vorbilder für die Jugend.

Vieles davon kann man sicherlich unterschreiben, selbst wenn man vielleicht heimlich einen weiteren Punkt hinzufügen möchte:

- Um zu gewinnen, ist manchen Spielern jedes Mittel Recht, solange sie nicht erwischt werden.

Ich möchte hier nicht diskutieren, ob diese Haltung vielleicht ebenfalls ein gesellschaftliches Problem widerspiegelt, finde aber dass Betrügerei, selbst wenn rein auf den Baseballsport bezogen, ein eigenes Kapitel verdient.

Heutzutage greifen unehrliche Sportler im Baseball, wie auch in vielen anderen Sportarten vor allem zu Dopingmitteln. Alle paar Monate liest man Nachrichten von positiven Testergebnissen und den entsprechenden Sanktionen, die gegen den jeweiligen Übeltäter verhängt werden. Die MLB hat in ihren aktuellen, im Jahre 2006 in Kraft getretenen, Anti-Doping Regeln die Strafen recht klar formuliert. Überführte Dopingsünder müssen mit Wettbewerbssperren rechnen. Im Fall von Anabolika Doping beispielsweise werden Ersttäter für 50 Spiele gesperrt, wer zum zweiten Mal erwischt wird, setzt 100 Spiele aus, und wer dann immer noch nicht genug hat, fliegt komplett aus der Liga. Letzteres passiert in der Praxis nicht allzu häufig, wohl auch weil viele Verträge schon spätestens beim zweiten Vergehen aufgelöst werden. Zu den prominentesten Akteuren, die nach dieser Regel bestraft wurden, gehörte Manny Ramirez, der ehemalige Red Sox Outfielder, welcher nach seinem Wechsel zu den Los Angeles Dodgers und kurz nachdem er eine zweijährige Vertragsverlängerung über 45 Millionen Dollar unterzeichnet hatte, im Jahr 2009 seine erste Strafe (50 Spiele Sperre) absitzen musste. Für die Saison 2011 wechselte er zu Tampa Bay, spielte dort allerdings nur fünf Spiele und wurde erneut des Dopings überführt. Anstatt die fälligen 100 Spiele auszusitzen (und höchstwahrscheinlich gefeuert zu werden), gab er daraufhin sein Karriereende bekannt. 2012 irrlichterten noch einmal Comeback-Gerüchte durch die Presse, aber Manny Ramirez hatte es da längst geschafft, seine durchaus ansehnliche Laufbahn und seine Popularität bei den Fans gründlich zu ruinieren.

Die MLB ist lange kritisiert worden für ihre relativ laxe Dopingpolitik und tatsächlich wurde zum Beispiel der Gebrauch von anabolen Steroiden, obwohl seit Anfang der 1990er Jahre regelwidrig, erst seit 2003 mit (eingeschränkten) Kontrollen verfolgt und erst mit der Einführung der oben erwähnten Regeln ab 2006 systematisch geahndet. Natürlich gab and gibt es ungeschriebene Fairplay Regeln – ungeschriebene Regeln sind ein wesentlicher Gesichtspunkt des Baseballsports – weshalb Doping auch vorher schon nur im mehr oder weniger Verborgenen praktiziert wurde. Die Auswüchse des Anabolika- und Hormondopings wurden in den späten 90er Jahren allerdings immer offensichtlicher. Spieler wurden von Jahr zu Jahr muskulöser und größer. Fans diskutierten beispielsweise über das rätselhafte Kopfwachstum von Barry Bonds, dem derzeitigen Inhaber der Homerun-Rekorde per Saison (73) und Karriere (762). Bonds ist eine der umstrittensten Gestalten der „Steroid-Ära", vor allem wegen dieser Rekorde. Dass Leistungen, die mit unsauberen Mitteln erreicht wurden, in die Geschichtsbücher eingehen ist für viele eine unerträgliche Vorstellung. Für einige Zeit gab es die Hoffnung, dass vielleicht ein Sportler mit unbefleckter Reputation zumindest den Karriererekord brechen und damit diese Schmach tilgen könnte. Alex Rodriguez schien der aussichtsreichste Kandidat dafür zu sein (Er war jeweils der jüngster Spieler, der die Meilensteine 400, 500 und 600 Homeruns erreichte), bis es 2009 ans

Licht kam, dass auch er positiv auf Steroide getestet wurde, in der Saison 2003, als das gemäß der Liga-Statuten noch straffrei war*. Wie man mit diesen Vergehen am besten umgeht, ist also nicht ganz klar. Die Anklagen, die trotzdem erhoben wurden, stützen sich auf Vorwürfe der Falschaussage und Justizbehinderung im Zuge von Untersuchungen über die kriminellen Machenschaften von Doping-Labors und führten - wie in solchen Fällen scheinbar üblich - nicht in großem Stile zu Verurteilungen.
In der Zeit bevor leistungssteigernde Drogen in Mode kamen, gab es natürlich ebenfalls Mittel und Wege sich einen unlauteren Vorteil zu verschaffen. Über die Jahre verschieben sich die Grenzen dessen, was als erlaubt gilt und was nicht, wie einige Beispiele demonstrieren sollen: Pitcher haben schon immer nach Möglichkeiten gesucht, ihre Würfe so zu verfeinern, dass sie nur sehr schwer vom Batter zu treffen sind. Ein Curveball, etwa, ist in der Regel um so effektiver, je schärfer seine Flugbahn abknickt. Neben der Wurftechnik (welche Ballgeschwindigkeit und –rotation beeinflusst) spielt dabei auch eine Rolle, wie rund der Ball ist. Kleine Unregelmäßigkeiten, bei einem regulären Ball sind diese durch die Nähte bedingt, sorgen dafür, dass der Ball beim Fliegen nicht rundum auf den gleichen Luftwiderstand stößt. Die Rotation stabilisiert zwar den Flug, führt aber mit nachlassender Geschwindigkeit auf dem 60 Fuß langen Weg zur Homeplate zu einer gebogenen Bahn. Wirft man den Ball völlig ohne Eigenrotation, was das Prinzip beim Knuckleball ist, oder aber man verwendet einen Ball gänzlich ohne Unregelmäßigkeiten** (ohne Nähte) wird die Flugbahn weniger stabil; der Ball wird langsamer, aber es wird auch schwieriger ihn zu kontrollieren, geschweige denn mit einem Bat zu treffen. Ein ebenso einfacher wie

---

* Der nächste Hoffnungsträger könnte Albert Pujols sein, der allerdings ein reichliches Jahr hinter Rodriguez zurück liegt und in einem der weniger hitter-freundlichen Ballparks (Angel Stadium Los Angeles) zuhause ist. Pujols gilt als vorbildlicher Sportsmann und ist bislang über jeden Dopingverdacht erhaben. All das lässt vermuten, dass er den Rekord dann doch eher nicht wird brechen können.

** Einen solchen Ball gibt es natürlich nicht, aber man erinnert sich vielleicht an die einigermaßen regelmäßigen Beschwerden von Fußballtorhütern, wenn bei Weltmeisterschaften mal wieder ein neuer „noch runderer" Ball eingeführt wird. Diese Bälle stehen im Ruf, in der Luft zu „flattern" was es für die Torleute knifflig macht, sie sachgerecht aufzufangen.

regelwidriger Weg, die Flugeigenschaften eines Baseballes zu verändern ist es, dessen Oberfläche einseitig zu modifizieren, also etwa aufzurauen oder zu glätten. Das erhöht die Bewegung in der Bahn fast unabhängig davon was für ein Pitch geworfen wird. In den Anfangszeiten des Baseballsports war es populär (bei Pitchern), den Ball etwa mit Spucke entsprechend zu behandeln. Der passenderweise „spitball" genannte Pitch wurde im Jahr 1920 für illegal erklärt, nachdem Batter Ray Chapman von einem solchen unverhofft am Kopf getroffen wurde und zum ersten (und bislang einzigen) Todesopfer eines Pitches in der Major League Baseball wurde*.

„Optimisierungsmaßnahmen" für die Ausrüstung auf Seiten der Offensive, also der Hitter, richteten sich in erster Linie auf die Bats. Hier gilt die Devise: Je leichter desto besser. Ein leichtes Bat kann schneller und auf eine höhere Geschwindigkeit beschleunigt werden, was nicht nur hilft, den Ball überhaupt zu treffen, sondern auch, diesen recht weit weg zu schlagen. Einige findige Bastler haben sich daher der Aufgabe gewidmet, Bats auszuhöhlen und mit Korkspänen („corked bat") oder Gummikugeln zu füllen. Über die Jahrzehnte wurden die Spezifikationen, denen die Ausrüstung entsprechen muss, immer genauer in den Spielregeln festgeschrieben. Alle paar Jahre hat es aber immer wieder Spieler gegeben, zum Teil sogar recht prominente, die regelwidriger Modifikation überführt und dann meistens für ein paar Spiele gesperrt wurden.

In der Frühzeit der Baseball-Ligen hatten auch Platzwarte eine Vielzahl an Möglichkeiten für Manipulationen. Bevor es die Mittel und den Willen gab, gewisse Standards effektiv durchzusetzen, etwa was die Länge des Rasens, die Beschaffenheit des Bodens, oder die Ebenheit der Feldmarkierungslinien betrifft, sahen es viele Groundskeeper als ihre Aufgabe an, das Spielfeld so zu bearbeiten, dass es die Stärken der Heimmannschaft betonen, beziehungsweise die der jeweiligen Gastmannschaft zunichte machen konnte. Ein Team mit vielen schnellen Läufern, die auf das base stealing spezialisiert sind, konnte zum Beispiel durch eifriges Wässern der

---

* Die ungewöhnliche Flugbahn und wohl auch die Tatsache, dass der Ball von seiner Behandlung mit Kautabak verfärbt und somit schlecht zu sehen war, hatten dazu beigetragen dass Chapman nicht rechtzeitig hatte ausweichen können.

Pfade zwischen den Bases entscheidend eingebremst werden. Im umgekehrten Fall, in dem das eigene Team Vorteile im Bereich des Base stealing hatte, soll es auch schon vorgekommen sein, dass der Platzwart in Vorbereitung des Spieles kurzerhand die Abstände zwischen den Bases verringert hat.
Wenn wir über die Geschichte der Strolcherei im Baseball sprechen, dürfen die diversen Skandale um Spielverschiebungen und illegale Wetten nicht fehlen, die den Sport vor allem im frühen 19. Jahrhundert einige Male erschütterten. Das prägende Ereignis in dieser Kategorie war der so genannte „Black Soxs" Wettskandal um die World Series 1919. Die Chicago White Sox verloren die Serie und damit den Meistertitel gegen die Cincinnati Reds. Beim Überprüfen des Verdachts, dass es bei einigen der Spiele nicht mit rechten Dingen zuging, stellte sich heraus, dass acht Spieler auf Seiten Chicagos mit Glücksspielern im Bunde standen und die Serie im Interesse von Wettmanipulationen absichtlich verloren hatten. Nachdem es bereits in den Vorjahren Gerüchte über verschobene World Series Spiele gegeben hatte, wurde nach der Aufdeckung dieses Skandales hart durchgegriffen. Die involvierten Spieler wurden auf Lebenszeit gesperrt, und die Liga schuf die Position des „Commissioners", eines unabhängigen Bevollmächtigten, dessen vornehmliche Aufgabe es sein sollte, weitere Skandale wie diesen zu verhindern. Damit war man über weite Strecken auch erfolgreich. Langfristige Sperren drohten jedem Spieler oder sonstigen Clubangestellten, wenn sie auch nur in der Nähe von Wettern gesehen wurden. Im Jahr 1989 wurde diese harte Haltung schließlich einem der erfolgreichsten Spieler der Geschichte zum Verhängnis: Pete Rose hält mit großem Abstand den Karriererekord in Basehits (4256), errang drei Meistertitel und gewann zahlreiche individuelle Auszeichnungen. Er hatte außerdem ein Spielsuchtproblem. Als Aktiver und später auch als Manager in Cincinnati platzierte er regelmäßig Wetten auf den Ausgang von Spielen, an denen sein Team beteiligt war. Die Angelegenheit kam ans Licht und Rose, der vehement alle Vorwürfe bestritt, wurde auf Lebenszeit suspendiert. Vorausgesetzt, dass seine immer wieder beim Commissioner eingereichten Gnadengesuche nicht eines Tages noch Erfolg haben, ist damit ist nun nicht nur seine Trainerkarriere beendet, sondern ihm obendrein auch die Chance verwehrt, jemals in die Baseball

„Hall of Fame" gewählt zu werden*, was wohl nicht nur er selbst einigermaßen tragisch findet.

Viele der bis jetzt erwähnten Regelverstöße sind offensichtlich in ihrer Bewertung. Doch im Baseball kann man sich außerdem auch noch vieler Verhaltensweisen schuldig machen, die zwar nicht ungesetzlich, aber doch ungehörig sind. Obwohl das Tricksen und Täuschen um eines kleinen Vorteils Willen praktisch allgegenwärtig ist, existiert doch auch eine Art Ehrenkodex, der vielleicht unter das Motto „Respektiere das Spiel" gestellt werden kann. So ist es beispielsweise eine allgemein anerkannte, wenn auch ungeschriebene Regel, dass ein Team das Recht auf Vergeltung hat, wenn einer ihrer Batter von einem Pitch getroffen wurde. Auch für andere disziplinarische Maßnahmen ist das absichtliche Werfen nach Battern eine Lösung. Vor allem „Rookies", jungen Spielern in ihrer ersten Saison, möchte man jedwedes forsche Benehmen austreiben. Veteranen wissen, dass Baseballspielen, mit seinen vielen Lehrjahren in den unteren Ligen, dem regelmäßigen Scheitern in zwei Dritteln aller at-bats, den gelegentlichen Leistungstiefs, die man sich nicht erklären kann, und dergleichen mehr, zur Demut erzieht. Man sieht es daher zum Beispiel nur ungern, wenn ein Rookie, der einen Homerun schlägt, dieses Erfolgserlebnis bei einem gemächlichen Trott um die Bases auskostet. (Richtig wäre gewesen, zügig und beflissen, mit keusch geneigtem Haupt und unbewegten Gesichtszügen um die Bases zu eilen.) Dadurch fühlt sich der gegnerische Pitcher zur Schau gestellt, was er so nicht auf sich sitzen lassen kann. Bei seinem nächsten at-bat kriegt das naseweise Nachwuchstalent also mit ziemlicher Sicherheit einen „beanball" ab.

Die individuellen Befindlichkeiten, auf die man als Batter Rücksicht nehmen muss, sind manchmal recht mysteriös. Manche Pitcher mögen es zum Beispiel nicht, wenn der Batter nach einem Walk sein Bat in einer zu jovialen Geste zu Boden fallen lässt. Oakland

---

* Mit dieser „Ruhmeshalle", von der es eine für fast jede (amerikanische) Sportart und Kulturrichtung gibt, werden die herausragendsten Vertreter ihrer jeweiligen Disziplin geehrt. Es ist eine sehr elitäre Auszeichnung fürs Lebenswerk und in gewisser Weise ein Symbol dafür, dass der betreffende Name „unsterblich" ist. Seit 2006 gibt es übrigens auch eine Hall of Fame des deutschen Sports. Unter den Geehrten sind Franz Beckenbauer, Sepp Herberger, Helmut Schön, Uwe Seeler und Fritz Walter.

Pitcher Dallas Braden nahm in einem Spiel Anfang 2010 Anstoß daran, dass Yankee Baserunner Alex Rodriguez beim Überqueren des Infields in einer Auszeit über „seinen" Pitcher's Mound gelaufen war. Er machte eine kleine Szene noch auf dem Feld und beschwerte sich in der Pressekonferenz nach dem Spiel bitterlich über das von ihm so empfundene despektierliche Verhalten. Rodriguez, dessen Gehalt Bradens um etwa das 50fache übersteigt, reagierte mit ein paar herablassenden Bemerkungen des Inhaltes etwa, dass Braden noch nicht genug Spiele gewonnen habe, um von ihm ernst genommen zu werden und dass dessen Motivation für den Zank auf der Hoffnung beruhe, etwas von Rodriguez' Ruhm abzubekommen. Tatsächlich ließ er Braden und seine Zickerei zwischenzeitlich für manche Beobachter wohl etwas lächerlich aussehen. Die Geschichte hat aber ein gutes Ende: Wenige Tage später, am 9. Mai 2010, pitchte Braden gegen Tampa Bay ein „Perfect Game", das 19. in der Geschichte des Baseballs und die Garantie dass ihn niemand als lächerlich in Erinnerung behalten wird.

- 26 -

Zu den Nachteilen des Lebens in Amerika gehört, dass man nach Deutschland mehrere Flugstunden unterwegs ist. Ein Vorteil ist allerdings, dass viele Fluggesellschaften sich redlich Mühe geben, einem diese Stunden nicht zu lang werden zu lassen und deswegen unter anderem in jeden Sitz Entertainmentsysteme mit individuell wählbarem Programm einbauen*. Auf einem dieser Flüge hatte ich so die Gelegenheit, mir eine Folge der dem Vernehmen nach auch in Deutschland beliebten Comedy-Fernsehserie „How I Met Your Mother" anzuschauen. Der Zufall wollte es, dass diese Episode einen starken Bezug zum Baseball hatte: Die Handlung drehte sich um die Bemühungen eines der Protagonisten, des Frauenheldens Barney, eine „Perfect Week" zu erreichen. Ein Großteil des Witzes spielte auf dieses Äquivalent zu einem „Perfect Game" im Baseball an. (Demnach erfordert eine „Perfekte Woche" in der Disziplin des Schürzenjagens das Beschlafen von sieben Frauen in sieben Tagen, ohne eine einzige Abfuhr zu kassieren.) Als ich mich nun über die zahlreichen Anspielungen aus dem Baseball-Volkstum amüsierte, begann ich mich zu wundern, wie die bedauernswerten Autoren der Synchronfassung wohl damit umgehen würden. Und so sah ich mir die Folge direkt ein zweites Mal an, diesmal mit deutscher Tonspur. Es war, als würde man eine völlig andere (und weit weniger witzige) Geschichte erzählt bekommen. Mehr dazu später.

In den Jahren meiner Baseballbegeisterung, der ich größtenteils vor dem Fernseher oder Radio gefrönt habe, habe ich unwillkürlich ein umfangreiches Fachvokabular kennengelernt, ohne welches jegliches Verständnis und jede Erklärung des Spiels nicht komplett sein kann. Selbst wenn man des Englischen durchaus mächtig ist, besteht eine gute Chance, dass man etliche der von den Baseballreportern fortwährend verwendeten Ausdrücke nicht oder zumindest falsch versteht. Im Eingedenken an die vielen Stunden, in denen ich ratlos oder verwirrt dem Radio-Kommentar gelauscht

---

* Es war mir gar nicht bewusst, dass es auch noch Langstreckenflüge ohne diese Technik gibt, bis ich letzten Sommer mal mit einer großen deutschen Fluglinie unterwegs war und in Sachen Kurzweil nur die Wahl hatte, entweder neun Stunden lang meinen Klapptisch anzustarren oder einen in drei Reihen Abstand aus der Deckenverschalung ausgeklappten Röhrenmonitor mit grünstichigem Bild, auf dem irgendein willkürlich ausgewählter Film gezeigt wurde.

habe, möchte ich dieses Kapitel also der Erläuterung einiger dieser rätselhaften Ausdrücke widmen. Die Liste, die ich mir notiert habe, ist lang, aber sicher bei weitem nicht vollständig. Ursache dafür mag sein, dass Live-Kommentatoren in Amerika praktisch ohne Unterlass reden. Anders als bei Fußballübertragungen im deutschen TV, wo der Mann am Mikrofon auch mal die ein oder andere Ballstafette schweigend geschehen lässt, gibt es hier keine Atempausen*. Da das Spielgeschehen gerade beim Baseball über weite Strecken eher eintönig ist, ist es üblich, zumindest zwei Berichterstatter in die Reporterkabine zu setzen, auf dass diese sich im Zweifelsfall miteinander unterhalten können und keine Funkstille aufkommen lassen. Diese Konstellation begünstigt nun einen kreativen Diskurs, in dessen Verlauf dann eine möglichst abwechslungsreiche Beschreibung des Spielgeschehens entsteht.

Ein weiterer Brauch ist die Einbindung von Werbebotschaften in den eigentlichen Spielkommentar. Es ist mir nicht ganz klar, wie so etwas mit den Werbekunden abgerechnet wird, aber für viele Reporter gehört die unvermittelte Erwähnung von diversen Konsumprodukten zum unverzichtbaren Repertoire. Bob Uecker, den manch Kinofan eventuell von seiner Gastrolle in dem Film „Major League" („Die Indianer von Cleveland"), wo er im Prinzip sich selbst spielt, kennt, ist eine lebende Legende (mit eigener Bronzestatue in Miller Park) und seit vielen Jahrzehnten die Radiostimme der Milwaukee Brewers. Der mittlerweile Über-70jährige ist nach wie vor bei jedem Brewers-Spiel am Mikrofon und unterhält seine Zuhörer mit der Beschreibung von Spielzügen,

---

* Bei einem NBA Playoff-Spiel vor einigen Jahren hatte die Regie die putzige Idee, das weltweite Interesse an diesem Spiel mal damit zu demonstrieren, dass man für eine kurze Weile zu den Tonkanälen der verschiedenen internationalen Sender schaltete, die das Spiel live übertrugen. So konnte man für einige Sekunden den Chinesischen Kommentator hören, dann einen Arabisch-Sprechenden, und schliesslich auch den Deutschen. Dieser hatte allerdings just eine der scheinbar für deutsche TV-Kommentatoren üblichen Schweigephasen eingelegt, in der wohl die Bilder für sich selbst sprechen sollen. Die amerikanischen Kommentatoren glaubten schon an eine Ton-Panne, doch just in diesem Augenblick hob der deutsche Kollege dann doch zu Reden an: „Nowitzki", sagte er, bevor er wiederum in längeres Schweigen verfiel. Die Episode verschlug selbst den US-Kommentatoren kurz die Sprache. (Ob aus Ehrfurcht vor der deutschen Effizienz oder weil sie sich das Lachen verkneifen mussten, weiß ich nicht.)

Anekdoten aus seiner langen Karriere, sowie meist ausführlichen Erläuterungen zu den Vorzügen bestimmter Bratwürste, Biersorten, oder für was auch immer er gerade einen Werbevertrag hat. Über die Jahre hat er es auch aufgegeben, da noch irgendeinen Zusammenhang oder wenigstens eine Überleitung zu konstruieren. Eine typische Sequenz hört sich etwa so an: „Gallardo has him at one ball, two strikes. Here is the stretch... swung at and popped up. That one is gonna make the seats. We do it again. If you want to have a light beer that tastes like a beer should, make it Miller Lite. Here comes the pitch. Swing and a miss! He struck him out! And at the end of one half inning it's: Astros nothing, and Brewers coming up. We will be right back."* Dann kommt Werbung. Uecker lässt sich trotzdem sehr gut zuhören. Er hat einen großartigen Sinn für Humor und genießt es, sich selbst und seine eher mittelmäßige Spielerkarriere auf die Schippe zu nehmen. Auch die bildhaften Ausdrücke, die zur Illustration verschiedener Sachverhalte auf dem Spielfeld nicht nur von Uecker verwendet werden, haben in ihrer Trockenheit oft komisches Potenzial. Ein Batter mit schlechter „plate discipline", der also nicht geduldig genug auf einen verwertbaren Pitch wartet „...is hacking at anything within the same zip code of the strike zone", ein Pitcher dem der Wurf so misslingt, dass der Ball noch vor der Homeplate aufsetzt, „... throws a 55 footer", in einem hart umkämpften at-bat, bei dem der Pitcher vergeblich sein gesamtes Arsenal an Pitchen ausschöpft, „...he starts throwing the kitchen sink".

Häufig zu hörende Ausdrücke sind etwa „3 up – 3 down" oder „1-2-3-inning", was ein zügig absolviertes Halbinning bezeichnet, in dem der Pitcher ohne viele Umstände die im gegenüber gestellten Batter „Out" gemacht, beziehungsweise „the side retired" hat. Einen „quality start" kann ein starting Pitcher gemäß Definition verzeichnen, wenn er mindestens sechs Innings im Spiel bleibt und

---

* Zu Deutsch etwa: „[Pitcher] Gallardo hat 1 ball, 2 strikes [gegen den Batter]. Er wirft... [Der Batter] schwingt und schlägt den Ball hoch in die Luft. Der wird [foul] auf der Tribüne landen. Also nochmal das Gleiche [ball/strike count bleibt gleich]. Wenn Sie ein Diätbier trinken wollen, das wie richtiges Bier schmeckt, nehmen Sie Miller Lite. Hier kommt der nächste Pitch. [Der Batter] schwingt und [am Ball] vorbei! Ein Strikeout! Und so steht es nach dem ersten Halbinning: [Houston] Astros Null, [Milwaukee] Brewers sind als nächstes dran [haben das Offensivrecht]. Wir sind gleich wieder da."

dabei nicht mehr als drei Runs erlaubt hat. An einem guten Tag ist ein Pitcher auch schon mal „lights out“ – so gut, dass man auch gleich die Lichter ausschalten und nach Hause gehen könnte. Ob er dabei einen „win“ oder „loss“ angeschrieben bekommt, hängt zum Teil natürlich auch von seinen Teamgefährten ab. Steht das Spiel zum Zeitpunkt des Pitcher-wechsels unentschieden, oder wechselt die Führung anschließend noch einmal, erntet der Starter eine „no-decission“. Die normalerweise fünf starting Pitchers im Kader bilden eine „rotation“, in dem Sinne, dass an jedem Tag ein anderer dran ist. Der beste Mann und „number-one-starter“ wird auch oft als „(staff) ace“ bezeichnet.

Bob Uecker Statue vor dem Miller Park in Milwaukee

„Closer“, also die Spezialisten für das Pitchen des letzten Innings können sich statistische Meriten in Form von „saves“ verdienen. Dazu muss die eigene Mannschaft mit nicht mehr als drei Runs in Führung liegen, wenn der Closer auf Feld kommt. Ist die Führung höher, gibt es keine „save situation“ und der Closer wird üblicherweise nicht eingewechselt. Wenn er allerdings schon mit dem Warmmachen fertig ist (das beginnt er bereits, während seine Teamkollegen im vorletzten Inning noch in der Offensive sind und eventuell dabei einen „insurance run“ erzielen) oder schon länger nicht mehr im Einsatz war, darf er manchmal trotzdem ran. Ohne die Aussicht, einen „save“ zu verdienen, ist er dann oft erstaunlich unkonzentriert und ineffektiv. Manchmal rafft er sich erst zusammen, wenn er sich einen Schlamassel („jam“) eingebrockt hat, etwa einen „bases-loaded-no-outs-jam“.

Pitcher werfen übrigens am liebsten aus der „windup"-Bewegung, was allerdings verhältnismäßig viel Zeit in Anspruch nimmt. Wenn „runner on base" sind, also die Gefahr des base stealings besteht, wechselt der Pitcher zu einer abgekürzten Ausholbewegung, genannt „stretch", um seine „delivery" um ein paar Zehntelsekunden zu beschleunigen. Runner bekommen von ihrem Manager ein „green light" (dürfen also versuchen die nächste Base zu stehlen), wenn dieser der Meinung ist, dass die Chancen günstig stehen, weil der gegnerische Pitcher nicht flott genug wirft. Ein Batter mag ebenfalls grünes Licht erhalten, etwa wenn er in einem at-bat bereits drei Balls und noch keinen Strike zu Buche stehen hat, also einen „hitter's count". In den meisten Fällen nimmt er hier den nächsten Pitch ohne jede Anstalten, das Bat zu schwingen („taking all the way"); es könnte ja Ball 4 sein und damit ein Walk. Lässt man ihn doch schwingen, besteht die Gefahr, dass er ein Out macht, aber auch die Möglichkeit, dass er einen gut zu treffenden Pitch („meatball") serviert bekommt und mit einem guten Hit sogar ein besseres Ergebnis als nur einen Walk erreichen kann. Gibt es hingegen einen „pitcher's count", also etwa zwei Strikes und null Balls, muss der Batter kämpfen. Er wird dann versuchen, „to work the count", also den Pitcher so viele Pitches wie möglich werfen zu lassen. Dazu muss er irgendwie den Schläger an den Ball kriegen: „get a piece of it", „fight off" oder „spoil pitches". Nur wenn der Pitch klar die Strikezone verfehlt, darf er nicht schwingen: „lay off". Auch ein Batter kann einen „jam" erleben, was in diesem Fall bedeutet, dass er nach einem Pitch auf der inneren Seite der Strikezone schwingt und diesen nicht mit dem optimalen Teil des Schlägers, dem „sweet spot" trifft*. So ein Schlag kommt meistens nicht weit und kann außerdem auch etwas in den Händen zwiebeln. Der größte Fehler, den ein Pitcher macht, ist oft „to hang a pitch", also einen Pitch so fehl zu platzieren, dass er wie eine Christbaumkugel in der Strikezone „hängt" und leicht getroffen

* Ein wichtiger Aspekt des Spieles mit Holzschlägern ist deren Balance: Nur wenn man den Ball mit einem bestimmten Bereich trifft, hat dieser eine Chance weit zu fliegen. Tut man das nicht, kann das Bat im ungünstigsten Fall sogar zerbrechen. Im Amateurbaseball wird in der Regel mit Aluminiumschlägern gespielt, was preisgünstiger ist und das Erzielen von Hits und sogar Homeruns vereinfacht. Spielern, die zu den Profis wechseln macht der Materialwechsel oft die größten Umstellungsschwierigkeiten.

werden kann. Ein Strikeout wird übrigens bei allen möglichen Gelegenheiten mit dem Buchstaben „K“ abgekürzt. Wie und wann es dazu kam, ist nicht einwandfrei geklärt. Überhaupt muss man für das Verständnis etlicher Ausdrucksweisen einen Blick in die Historie des Sports werfen.

Der Begriff „live ball“ mag einen Ball bezeichnen, der im Spiel ist, oder kann sich auf eine Epoche, die „live ball era“ beziehen, welche in den 1920er Jahren die vorherige Epoche (natürlich die „dead ball era“) abgelöst hat. Dieser Epochenwechsel kam nicht, wie man vielleicht annehmen könnte, vorrangig durch Regeländerungen, die definieren, wann der „Ball im Spiel“ ist, zu Stande, sondern durch einen neu gestarteten Brauch, den Spielball gegen einen frischen auszuwechseln, wenn er unbrauchbar geworden war. Vorher wurden alle neuen Innings mit ein und demselben Ball gespielt, wobei der Ball erheblich in Mitleidenschaft gezogen wurde. Nicht nur das Geschlagenwerden setzte der Formschönheit und Sprungkraft des Balles zu, sondern auch die verschiedenen Bearbeitungsmethoden handwerklich geschickter Pitcher, die den Ball nicht nur bespuckten (siehe oben), sondern bei Bedarf auch anritzten, aufrauten oder gar aufschnitten. Gegen Ende eines solchen Spieles muss sich der Ball wie ein Sack Kirschkerne angefühlt haben und wahrscheinlich ähnlich gut geflogen oder gerollt sein. Bei einigen Baseballrekorden hat man deswegen eigene Kategorien für live- und dead ball era.

Wie zu befürchten war, hat sich dieses Kapitel zu einer wüsten Ansammlung unübersetzbarer amerikanischer Vokabeln ausgewachsen. Ich bitte um Nachsicht und bin einmal mehr froh, nicht in der Filmsynchronisierungsbranche zu arbeiten. Ich könnte es mir ja doch nie verkneifen, jeden Baseballbezug haarklein zu erklären und damit jeden Zuschauer zu vergraulen. Auf die eingangs erwähnte TV-Serienepisode (Episode 14 in der fünften Staffel von „How I Met Your Mother“*, falls sich wirklich mal jemand im Flugzeug mit der Auswahl konfrontiert sieht) will ich dann aber doch noch einmal zurück kommen, auch weil diese einige interessante Konzepte berührt, die wir hier noch nicht diskutiert haben.

---

* Bays & Thomas Productions und 20th Century Fox Television 2005-2013, Erstausstrahlung der amerikanischen Originalversion bei CBS, deutsch synchronissierte Version auf Pro7

Fans unterstützen eine Aufholjagd (Rally) ihres Teams, indem sie ihre Mützen zu „Rally Caps" umstülpen.

Da ist zum Einen die Idee des „jinx", ein Aberglaube, der besagt, dass der weitere Fortgang eines zunächst positiv verlaufenden Geschehens durch unbedachte Äußerungen verflucht werden kann. Wenn man entsprechend geeicht ist, kann man für so etwas durchaus „Belege" finden. Bei der WM 2002 in Japan und Südkorea, zum Beispiel, wurde Olli Kahn bereits im Vorfeld des Endspiels zum besten Spieler des Turniers gewählt und mit dem „goldenen Ball" ausgezeichnet. Dass alle Welt plötzlich von seiner Unfehlbarkeit überzeugt war, nutzte Kahn wenig, als er mit einem vermeidbaren Fehler die deutsche Finalniederlage einleitete. Gemäß der „jinx"-Theorie hatte man den so greifbar nahen Erfolg verschrieen. Vier Jahre später, bei der WM 2006, wurde - ebenfalls vor dem Endspiel - Zinedine Zidane für diese Auszeichnung ausgewählt. Man erinnert sich vielleicht, wie die Geschichte ausging.

Im Baseball ist der jinx-Effekt allgemein anerkannt. Wenn ein Spieler also eine glückliche Strähne hat, wird man ihn möglichst in Ruhe lassen und alles versuchen, um die fragile Konstellation, in der einfach Alles zu gelingen scheint, nicht aus der Balance zu bringen. Das kann man sehr gut beobachten, wenn ein Pitcher etwa im sechsten Inning noch keinen Basehit erlaubt hat. Sobald die

Möglichkeit Gestalt annimmt, dass er da vielleicht an einem No-Hitter arbeitet, wird es um den Mann plötzlich sehr einsam. Seine Mitspieler rücken im Dugout von ihm ab und vermeiden jeden unnötigen Kontakt. Niemand möchte dafür verantwortlich sein, vielleicht die Konzentration oder sonstige involvierte „Magie" zu brechen und das Aussprechen des Offensichtlichen ist ein sicherer Weg genau dies zu tun. Man versteht also Serien-Barneys Missvergnügen wenn, als er bereits „6-for-6", also nur noch einen Erfolg entfernt von der „perfekten Woche" war, seine Freunde plötzlich anfingen seine Glückssträhne beim Namen zu nennen und damit zu sabotieren.

Als er schließlich, diesen Widrigkeiten zum Trotz seine „perfekte Woche" tatsächlich perfekt macht, wird seine Krawatte feierlich „retired". Dieses spielt auf einen Brauch an, mit dem verdiente Spieler eines Vereins nach ihrem Abgang geehrt werden: Ihre Trikotnummer soll für immer mit ihrem Namen verbunden bleiben und wird daher „in den Ruhestand versetzt", also nicht mehr vergeben. Die entsprechenden Trikots und Nummern sind oft an prominenter Stelle, etwa im Vereinsmuseum, ausgestellt. Dass dies eine hohe und seltene Ehre ist, ergibt sich schon daraus, dass Trikotnummern ja in der Regel maximal zweistellig und damit von beschränkter Verfügbarkeit sind. Wollte man jedem Spieler, der eine halbwegs passable Karriere gespielt hat, die Rückennummer behalten lassen, gäbe es beizeiten keine vernünftigen Nummern mehr für nachrückende Spieler. Die niedrigen Nummern werden jetzt schon knapp, Nummer 5 zum Beispiel ist bereits in neun Clubs retired.

Die Serienfolge lieferte ein paar weitere Argumente dafür, dass Hollywoodproduktionen im Original besser sind. In einer Szene gibt Barney seinen Plan bekannt, an diesem Abend auf „small boobs" zu setzen, was sich als Wortspiel auf die Baseballtaktik des „small ball" bezieht*. In der wörtlichen Übersetzung („Kleine

* Manche Teams, die nicht viele „power hitter" in ihren Reihen haben oder in sehr weitläufigen Stadien spielen, können nicht darauf vertrauen, ihre Punkte mit regelmäßigen Homeruns zu erzielen. Statt dessen verfeinern sie die Kunst, sich in kleinen Schritten um die Bases vorzuarbeiten. Base stealing und sacrifice plays sind elementar für diese Strategie. Small ball wird auch gern gespielt, wenn im letzten Inning oder in Extrainnings nur ein Run für den Sieg (oder Ausgleich) gebraucht wird. Dann muss zum

Brüste“) ohne diesen Kontext wird daraus nur ein, selbst an den Standards dieser Serie gemessen, ziemlich pubertärer Scherz.
Schade ist es auch um den verschwendeten Wortwitz in einer Szene, in der Barney seine Chancen bei verschiedenen weiblichen Barbesuchern erwägt und seinen Kumpan Ted um Rat fragt. Dieser geht nun wie ein Pitching Coach durch den „scouting report“: Man hat die Wahl zwischen einem „Heater“ (was ein anderes Wort für Fastball ist), einem Pitch „high and outside“ (bezogen auf die Platzierung in der Strikezone) oder einem „Slider“ (ein „breaking ball“). Im Amerikanischen haben diese Begriffe auch andere Bedeutungen. Dementsprechend werden sie hier des komischen Effekts wegen auf Barbesucherinnen angewendet, die sich an der Heizung (heater) aufwärmen, vor der Tür einen Joint rauchen (also sowohl „high“ als auch „outside“ sind), oder einen Hamburger (slider) essen. In der deutschen Version ist diese Unterhaltung dagegen weitgehend sinnfrei, und die vom Band eingespielten Lacher sind bestenfalls irritierend. Wohl kaum finden deutsche Zuschauer es tatsächlich witzig, wenn die beiden Freunde eine Frau mit den Worten „Was hältst du von der da bei der Heizung?“ taxieren.
Mein Fazit? Baseballkenner haben mehr zu lachen.

Beispiel, nachdem der erste Batter Base erreicht hat, dieser mit einem sacrifice bunt (erstes Out) zur 2nd Base befördert werden, von wo er bei nächster Gelegenheit 3rd Base „stiehlt“ um anschliessend etwa bei einem sacrifice fly (zweites Out) die Homeplate zu erreichen und zu punkten.

- 27 -

Immer wenn ich während des Sommerurlaubs außer Landes bin stelle ich schmerzlich fest, wie schwierig sich die MLB Saison vom Ausland aus verfolgen lässt. Ohne Internet wäre man da völlig aufgeschmissen, denn Tageszeitungen und Fernsehsender haben natürlich besseres zu tun, als über irgendwelche obskuren amerikanischen Sportligen zu berichten. Hinzu kommt, dass dank der Zeitverschiebung die meisten Spiele zu sehr unchristlichen Uhrzeiten stattfinden. Unter der Woche beginnen die Begegnungen üblicherweise um 19 Uhr Ortszeit, was sich in deutscher Zeit zu 1 Uhr morgens (für die Spiele an der Ostküste) bis 4 Uhr morgens (Westküstenspiele) übersetzt. Sonntags allerdings sind fast alle Spiele für 13 Uhr Ortszeit angesetzt und damit für die eigentlich beste Hauptsendezeit in Deutschland. Wer mal was anderes anschauen möchte als „Tatort" und wer eine einigermaßen zügige Internetverbindung hat, kann auf mlb.tv die Liveübertragung eines Baseballspiels verfolgen. Mlb.tv macht an jedem Tag ein zufällig ausgewähltes Spiel kostenlos verfügbar, was in erster Linie natürlich als Appetithappen für den gebührenpflichtigen Service gedacht ist. Dieser erlaubt Abonnenten für eine monatliche Gebühr sämtliche Spiele live zu verfolgen*, aber solange man einfach nur mal neugierig und nicht ausgerechnet Fan einer bestimmten Mannschaft ist, ist es ja egal, wer im freien „Spiel des Tages" da nun genau gegen wen spielt.

Wer sich nach dem Stadionerlebnis sehnt, kann auch in Deutschland fündig werden. Die Baseball-Bundesliga hat zwischen April und August an jedem Wochenende Begegnungen angesetzt, und auch die zahlreichen unteren Spielklassen bieten reichlich Gelegenheit ein Spiel als Zuschauer zu erleben. Publikumsandrang und Atmosphäre sind natürlich nicht vergleichbar mit

---

* So ein mlb.tv-Abo ist meiner Meinung nach nützlicher für einen Fan in Deutschland als in Amerika: Es gibt keine „blackout restrictions" (wenn das Spiel auch im regionalen Fernsehn läuft, kann man es online nicht aufrufen), der Umtauschkurs macht es recht preisgünstig, und –vielleicht der größte Trumpf – man kann sich die Spiele auch zeitversetzt anschauen, muss also nicht die Nacht durchwachen und kann überdies durch das Überspringen der nervigen Werbepausen viel Zeit sparen (Zeitversetzt könnte man zwar auch hier in Amerika schauen, läuft dabei aber Gefahr, dass man versehentlich das Ergebnis schon anderweitig erfährt).

amerikanischen Verhältnissen, was ja aber kein Nachteil sein muss. Das Spiel ist im Wesentlichen das gleiche, auch wenn durch einige abweichende Regeln und Unterschiede in der Spielstärke die taktischen Schwerpunkte mitunter anders gesetzt werden als in der MLB.

Ich selbst gehöre zu der Mehrheit aller Deutschen, die noch nie ein Bundesliga-Baseballspiel live gesehen hat (habe allerdings - anders als die Mehrheit aller Deutschen - die Tatsache, dass ich nicht in Deutschland lebe, zu meiner Entschuldigung anzuführen). Bei der Recherche zu diesem Kapitel suchte ich daher fachkundige Hilfe bei Benjamin Kleiner, Spieler beim Erstligisten Berlin Sluggers und nebenberuflicher Baseballtrainer*. Wie viele „ball players" ist er ein gleichermaßen kompetenter und umgänglicher Gesprächspartner und so war ich froh über die Gelegenheit, mich mit ihm über die Unterschiede zwischen amerikanischem und deutschem Baseball zu unterhalten.

Der Sport wird in Deutschland natürlich bestenfalls semiprofessionell betrieben. Einige wenige mögen in der Lage sein, mit Baseball ihren Lebensunterhalt zu bestreiten, aber die meisten Spieler, selbst in der ersten Liga, haben einen anderen Hauptberuf. Um in einem Umfang zu trainieren, der mit den amerikanischen College- oder Profiligen vergleichbar wäre, fehlt daher einfach die Zeit. Leistungsträger in Bundesligaclubs sind oft die Ausländer, vor allem die aus den USA. Ähnlich der Basketballbundesliga ist auch die Baseballliga eine mögliche Alternative für amerikanische Universitätsabgänger, die mit einem Sportstipendium studiert, und in der College-Mannschaft gespielt, aber anschließend keinen Vertrag in der entsprechenden Profiliga bekommen haben. Damit diese Spieler, die - anders als viele ihrer deutschen Teamkollegen - ihr ganzes Leben mit dem Spielen von Baseball zugebracht haben, das Kräftegleichgewicht in der Liga nicht gefährden, wird ihre Einsatzzeit per Regelwerk beschränkt. Zum Beispiel ist vorgeschrieben, dass nur ein Spiel der üblicherweise pro Wochenende

* Kleiner kennt den deutschen Baseball wie nur wenige; er debütierte Mitte der 90er Jahre als 15jähriger in der Bundesliga, spielt seit dem auf höchstem Niveau mit Karrierestationen bei fast allen deutschen Top-Clubs und hat darüber hinaus auch Coaching-Erfahrung in Amerika und in der Bundesliga. Nebenbei engagiert er sich aktiv in der Nachwuchsförderung im Rahmen von Schulprojekten, Jugend-Trainingslagern, und -Turnieren.

angesetzten Zwei-Spiele-Serie* von einem Nicht-EU-ausländischen Pitcher gestartet werden darf.
Als eine Folge der geringeren Leistungsdichte in der Bundesliga ist das Erkennen und taktische Ausnutzen von Schwachstellen ein besonders lohnendes Unterfangen. Selbstverständlich versucht man auch in der MLB jede noch so kleine Schwäche beim Gegner mit entsprechenden taktischen Maßnahmen auszubeuten. Dabei muss man allerdings einen erheblichen Aufwand treiben, um überhaupt eine „Schwäche" zu erkennen. So ist es zum Beispiel die Aufgabe des 1st-base-Coaches, die Zeit zu stoppen, die der Pitcher für das Ausführen eines Pitches braucht. Je länger das dauert, um so besser stehen die Chancen für einen Läufer auf der 1st base, die 2nd base zu stehlen. Dabei geht es tatsächlich um Zehntelsekunden. 1,3 Sekunden zwischen Ausholbewegung und dem Moment wenn der Ball im Handschuh des Catchers ist, sind schnell. 1,5 Sekunden sind eher langsam. Ein Pitcher, der deutlich länger braucht, spielt wahrscheinlich gar nicht erst in der MLB. In der Bundesliga benötigt man manchmal gar keine Stoppuhr um eine mögliche Schwachstelle zu erkennen. Wenn man zum Beispiel ahnt, dass der Catcher nicht viel Praxis im Runner-Auswerfen hat, ist das base stealing sicherlich ein lohnendes Risiko, unabhängig davon wie lange der jeweilige Pitcher nun genau zum Werfen braucht**.
Diese Dinge lassen sich mitunter recht leicht erraten, wenn etwa für das zweite Spiel eines double headers plötzlich ein Outfielder und der Catcher die Positionen tauschen. Derartiges ist nicht unüblich in einer Liga, in der man auch als Generalist konkurrenzfähig sein kann. Für viele Spieler macht es sicherlich einen Teil des Reizes aus, immer mal auf einer anderen Position spielen zu können; es erhöht aber auch die Fehlerträchtigkeit. Selbst ein Spezialist, der etwa als MLB 3rd baseman tagein, tagaus das Werfen diagonal über das

---

* In der Bundesliga werden zumeist „double header" gespielt, also zwei Begegnungen direkt hintereinander. Das gibt es gelegentlich auch in der MLB, wenn etwa ein wegen Regens ausgefallenes Spiel anderntags nachgeholt werden muss und vor oder nach der ursprünglich geplanten Begegnung eingeschoben wird.

** In der Fastball-Geschwindigkeit, die man als ersten Anhaltspunkt für die Beurteilung der Klasse eines Pitchers heranziehen kann (was natürlich ein sehr simples Kriterium ist, mit dem man nicht jedem Pitcher gerecht wird), ist die Differenz zwischen Profi und Amateur weniger als 10 mph. Statt 90 mph in der Major League wirft man in der Bundesliga vielleicht mit 82 mph.

Infield zur 1st base trainiert, und der diese Übung eigentlich im Schlaf beherrscht, macht immer mal einen Fehler, verpatzt also einen Wurf. In der Bundesliga ist der gleiche Wurf ja nicht einfacher; es ist also nicht verwunderlich, dass den beteiligten Amateurathleten dabei häufiger Missgeschicke (also Errors) unterlaufen. Die Tatsache, dass es vergleichsweise viele Errors in den Bundesliga-Spielberichten gibt, mag auch damit zusammen hängen, dass aufsetzende Bälle öfter verspringen. Es gibt hier eben keine festangestellten Gärtnerbrigaden, welche die Spielfelder so peinlich in Schuss halten wie in den Major Leagues üblich. (Und selbst dort sieht man gelegentlich einen „bad hop".)
Bei der offiziellen Beurteilung, ob es einen Error, also einen leichten Fehler, gegeben hat, gibt es unvermeidlich eine gewisse Grauzone. In der Bundesliga werden hierfür relativ strenge Maßstäbe angelegt, wodurch einiges, was anderswo als base hit durchgehen würde, hier als Error verzeichnet wird. (Als interessanter Nebeneffekt sind die Statistikwerte für Earned Run- und Batting-Averages niedriger, und damit näher am Niveau der Profiligen.) Wenn man die etwas höhere Fehlerquote als Teil des Spieles akzeptiert, ist diese dem Unterhaltungswert aber keinesfalls abträglich. Im Gegenteil: Mehr Errors bedeuten mehr baserunners und somit mehr Offensive.
Ein weiterer Vorteil der Bundesliga sind die „speed-up"-Regeln, die dafür sorgen sollen, dass die Spieldauer nicht ausufert. Viele der Marotten und Psychospielchen, die man sich bei MLB-Spielen anschauen muss – dass etwa Batter nach jedem Pitch aus der batter's box treten, um ihre Handschuhe zu richten und ein paar Probeschwünge zu nehmen – werden von Bundesliga-Umpires nicht geduldet. Diese Regel ist ein gutes Beispiel dafür, wie man versucht, den Sport zuschauerfreundlicher zu machen. Auch bei den Vereinen und Spielern hat die gute Unterhaltung der Fans einen hohen Stellenwert. Die Eintrittspreise sind familienfreundlich, die Atmosphäre ist friedlich und die Sportler haben keine Allüren.
Wo schaut man sich nun am besten ein Baseballspiel an, wenn man nicht gerade in Amerika ist? Die erfolgreichsten deutschen Clubs sind Bonn, Paderborn und Regensburg. In Regensburg steht auch eines der modernsten und, mit gut 3000 Sitz- und Stehplätzen, größten Stadien in Europa. Das Spielfeld der Sluggers in Berlin hat dagegen eher Sportplatzcharakter. Hier gibt es keine ausgebauten Tribünen oder Videowände; allerdings gilt der hausgemachte Kuchen am Imbiss-Stand als konkurrenzlos.

Benjamin Kleiner im Dugout des Butler Bulldogs Baseballteams. Kleiner besuchte die Butler University in Indiana im Rahmen einer ethnographischen Studie im Jahr 2011.

Gemessen an der Einfachheit der Trainingseinrichtungen und Stadien, so Benjamin Kleiner, ist Baseball in Deutschland heute vielleicht auf dem Stand von Baseball in den USA im Jahr 1885. Das jedoch tut der Faszination dieses zeitlosen Sports keinen Abbruch. Unvergessliche Spiele gibt es zu jeder Zeit und in jeder Spielklasse. Wohl jeder Fan hat eine Geschichte zu erzählen, die mit „Bottom of the ninth, two out..." beginnt und mit einem nicht-mehr-für-möglich-gehaltenen Sieg seiner Mannschaft endet, so wie diese hier:

„Entscheidungsspiel der Meisterschaftsserie, wir hatten Heimvorteil, lagen aber im 9. Inning mit drei Runs zurück. Mit zwei out hatten wir schließlich die Bases besetzt, aber als der Mann am Schlag einen hohen Flugball ins Outfield schickte, schien alles vorbei. Drei gegnerische Feldspieler rannten in Position, um den Ball zu fangen, und unsere Baserunner liefen resigniert ihre Runde zu Ende, wissend dass das Spiel und damit die Saison mit dem Catch verloren sein würde. Ich blickte mich um und sah, wie in einer Slapstick-artigen Szene die drei Feldspieler kollidierten und zu Boden gingen, der Ball unberührt genau in ihrer Mitte. Kurz darauf kam der entscheidende Run über die homeplate und wir waren plötzlich Meister! Dieses Spiel wird wohl keiner, der dabei gewesen ist, jemals vergessen."

Das beschriebene Spiel gehört nicht etwa zu einer legendären World-Series, sondern entschied die Deutsche Meisterschaft 2005. Paderborn gewann gegen Solingen mit 8-7. Der Bericht ist von Benjamin Kleiner, der die Aufholjagd mit einem bunt-Single gestartet hatte und der diese Walkoff-Meisterschaft als eine seiner schönsten Baseball-Erinnerungen beschreibt.

Nachwort

Es erscheint passend, ein Baseballbuch mit dem 27sten Kapitel zu beenden, in Anlehnung an ein Baseballspiel, welches nach 27 Outs zuende ist. Zwar hatte ich das nicht geplant, sondern vielmehr immer ein neues Kapitel angefangen, wenn mir ein neuer Gedanke kam, bin aber im Nachhinein doch froh, dass mir die neuen Gedanken und damit die Kapitel bei einer so „runden" Nummer ausgingen.

Einige Gedanken aus meinem Notizblock habe ich allerdings nicht eingearbeitet. Entweder hielt ich sie für zu trocken – eine längere Abhandlung über die verschiedenen Kennwerte der modernen Leistungsstatistik * und deren Berechnung etwa, fände ich persönlich unnötig ermüdend - oder ich wollte vermeiden, etwas zu schreiben, dass droht, bald nicht mehr aktuell zu sein – zum Beispiel über Regeländerungen, wie etwa die erwartbare schrittweise Einführung des Fernsehbeweises** für die Klärung strittiger Spielszenen – oder ich hatte schlicht nicht genug Ahnung von der Materie – ich kann zum Beispiel selbst nach langen Jahren amerikanischen Small-Talk-Trainings nicht das Geringste darüber sagen, wie man Baseball selbst spielt***.

Ein Trost mag sein, dass sich das Thema Baseball nun mal nicht erschöpfend behandeln lässt. Tatsächlich lassen sich dazu eine unendliche Zahl an Kapiteln und Büchern schreiben, und viele

---

* Altbackene Werte wie AVG oder RBI gelten bei vielen Baseball-Gelehrten inzwischen als überholt. Moderne „Sabermetrics" haben den Anspruch aussagekräftigere und objektive Messvariablen zu definieren.

** In der Saison 2012 wurde „instant replay" nur für die Auflösung unklarer Homerun-Entscheidungen eingesetzt, wenn etwa ein Ball von der Kante der Begrenzungsmauer wieder ins Spielfeld zurück geprallt war.

*** Eine Anekdote habe ich dann doch parat, wenn die Sprache auf meine persönliche Spielerfahrung kommt: Bei einer Gartenparty testete ich ein pneumatisch betriebenes Baseball-Spielzeug des 4jährigen Nachbarsjungen. Das Gerät pustete auf Knopfdruck einen kleinen Plastikball senkrecht in die Luft, wo man ihn dann mit einem ebenfalls aus Plastik fabrizierten Baseballschläger treffen sollte. Bei meinem ersten Versuch traf ich den Ball so (un)glücklich, dass er bis über den nahegelegenen Gartenzaun auf das, von einem großen Hund bewachte, Nachbargrundstück segelte. Es war in diesem Augenblick, dass ich beschloss meine Karriere mit dieser perfekten Bilanz zu beenden: Der einzige Ball den ich jemals geschlagen hatte, also 100% aller Bälle, die ich je geschlagen hatte, „had left the yard!".

Leute taten und tun genau dieses, allerdings - wie es sich für einen amerikanischen Traditionssport gehört - in der Regel auf Englisch. Buch- und Zeitschriftenläden in den USA haben für gewöhnlich eine eigene Abteilung, oder zumindest ein eigenes Regal für Baseball-Bücher und im Online-Buchhandel geht die Zahl der verfügbaren Titel in die Hunderttausende. Ebenso unüberschaubar ist die Auswahl an Webseiten, die Informationen zu dem Sport anbieten.

Eine kleine Liste an Büchern, die mich – unter anderen – auf meinem Weg als Fan begleitet und mir bei der Arbeit an diesem Buch als Inspiration gedient haben, enthält *„Men At Work – The Craft of Baseball"* von George Will, *„Clemente: The Passion and Grace of Baseball's Last Hero"* von David Maraniss, und *„Game Six: Cincinnati, Boston, and the 1975 World Series: The Triumph of America's Pastime"* von Mark Frost. Empfehlenswerte websites sind neben *www.mlb.com* auch *www.baseball-almanac.com*, *www.baseball-reference.com* und *www.baseballhall.org*.

Empfehlenswert mag auch die Lektüre von Zeitschriften wie *Sports Illustrated* und *ESPN – The Magazine* sein. Ich erinnere mich, dass meine Neugier auf Baseball auch dadurch geweckt wurde, dass mir in meinen ersten Wochen in Boston immer noch die *Sports Illustrated* meines Vormieters im Wohnheim zugestellt wurde und, der Jahreszeit entsprechend, natürlich hauptsächlich mit Baseball-Berichterstattung gefüllt war. Inzwischen bin ich froh, dass ich damals gelangweilt genug war, um viele der mir seinerzeit völlig unverständlichen Artikel durchzulesen. Es war der Start einer Entdeckungsreise, wie man sie wohl sonst nur als Kind erlebt: Beim neugierigen Erkunden einer Welt, von der man zwar ahnt, dass sie existiert, deren Geheimnisse und Schönheiten sich einem aber erst nach und nach erschliessen. Und anders, als einem das vielleicht bei der Begeisterung für ein exotisches neuentdecktes Hobby gehen mag, ist diese Welt riesig und ein ganz natürlicher Teil des Alltags von praktisch jedem, dem man begegnet.

Nun würde ich mich freuen, wenn das Lesen dieses Büchleins Lust gemacht hat, sich vielleicht selbst auf diese Entdeckungsreise zu begeben.

Index

F

G

H

I

J

K

L

M

N

O

P

Q

R

S

T

U

V

W